我扛得起水泥
扛得住人生

泥作阿鴻
工地裡的水泥哲學家

suncolor
三采文化

目錄

Chapter 1 工匠藝術

Chapter 2

職人態度

Chapter 3

尊嚴價值

Chapter 4

信念傳承

從泥作師傅變成鏝抹畫講師，行行真能出狀元！

104人力銀行職涯教育長王榮春

第一次看見阿鴻師傅，是在台積電慈善基金會與104人力銀行合作的「工作世界職人引路」Vlog。那時我的第一念頭是：「片中的型男，該不會我們找的演員吧！」

因為影片中的阿鴻師傅，用自信的口吻、清晰的邏輯，從自己的生涯故事，深入淺出地分享泥作師傅的工作內容、酸甜苦樂及需要的能力與特質。影片中的阿鴻師傅，完全顛覆我對「土水師」的認知。在好奇心的驅使下，我Google「阿鴻師傅」。看到的結果，果真驗證古人說的「行行出狀元」。為了讓大家享受跟我一樣的衝擊與感動，就請您直接Google，好好感受一下。

真正見到阿鴻師傅，是二〇二二年冬天博幼基金會辦給中學生的職人體驗活動！活動前一晚，阿鴻師傅全家開車南下。

車上載滿讓同學體驗水泥鏝抹畫的工具與原料。隔天一早的活動，師傅除了跟博幼基金會的同學介紹泥水師傅的工作之外，更讓同學動手體驗用抹刀，將加上顏料的水泥砂漿在畫板上進行水泥鏝抹畫的創作。這次的活動，不僅阿鴻師傅全力演出，太太與女兒也化身為課堂助教，協助活動進行。

後來從阿鴻師傅的臉書粉絲頁，才知道他常常無私地分享泥作施工的技巧與注意事項，目的是讓其他泥水師傅可以學習參考，也讓有需求的大眾，知悉如何判斷泥作工程的品質。難怪他的水泥工粉絲頁有超過八萬的按讚！

我一直很好奇阿鴻師傅，怎麼會有這念頭，想到將水泥砂漿變成顏料，將牆壁當畫布進行藝術創作？我也想要知道，當第一個客戶指定要他創作，把自家牆面變成水泥鏝抹畫時，心中的感受是如何？我更想知道阿鴻師傅為何會想到開班授課，成為教授創作水泥鏝抹無框畫的斜槓講師。

如果你跟我對阿鴻師傅的故事有一樣的好奇，請你好好看看這本書。對你如何開啟怦然心動的第二人生，一定會帶來很多靈感與感動。

發揮社會影響力的水泥工哲學

樂士創辦人 郭文毅

工匠技藝的養成需要時間與毅力來磨練，然而在傳統「萬般皆下品唯有讀書高」的框架下，很難形成一條被大眾尊重並願意投入的康莊大道，於是常見因家庭條件不好或是失學，被迫才來從事如此勞動的工作，撐起建築界最基礎吃力的工項，雖然生活上能獲得溫飽，卻得不到社會上該有的尊敬與成就感，只能認命此生就是做工的人。

《我扛得起水泥，扛得住人生》，記錄著阿鴻的人生經歷與職人養成過程，其中蘊含的學習態度、尊嚴價值觀到信念傳承，堆砌出一種讓庶民共鳴的「水泥工哲學」；鼓勵從業人員看重自己不只是做工的人，擁有正確的工作態度，堅持信念恪遵職業道德，發自內心做好每一份承接的工作，積極主動解決所面對的所有問題，相信各行各業都能發揮正向的功能，小小螺絲釘的力量也能對社會帶來巨大的影響。水泥加砂拌水，在適當的比例攪拌形成水泥砂漿，隨著水化凝聚經過足夠時間的養成，水泥與砂才能形成堅實穩定的結構；「水泥工哲學」不僅強調個人在工作價值的追求與實踐，回歸家庭如同水泥與砂，如何拿捏比例，引導家庭成員們從感恩惜福當中，彼此體諒互相支撐，阿鴻的水泥家庭帶給大家許多省思與啟發，他們全家人一起工作、開課分享水泥創作的樂趣，是我能感受到最幸福的事了！

推薦大家收藏阿鴻的人生哲學，從中感動並化為行動力，相信聚集眾多小人物的能量，必定能打破既有思想的框架，為自己與社會追求真正的幸福。

扛著水泥、扛起人生，做工是最帥的事！

水泥的「泥灰」，殘留在脖子上，我一點也不在意。砂漿咬破的雙手，再怎麼抽痛，我也都必須堅忍著、攪拌著、鏝抹著。

十五歲國中畢業那年，我走進了工地，扛起人生第一包水泥，感受到那顫抖不聽使喚的雙手，眼前的那雙筷子竟然夾不起來那口菜……哈哈。

講真的，小時候的我從來不曾想過我會「做工」，更沒料到我竟然那麼早就踏入社會，這一切的修鍊也就排山倒海而來，不曾中斷過。

從前家境不好，窮到認清自己、認分自己、知道自己只有羨慕別人的份，只好清楚又卑微地做工掙錢，沒時間去埋怨自己，只能每天每天認真地出勤，期許「天無絕人之路」，相信「天公疼憨人」這種勵志的話。

於是從年輕時練就了一身吃苦的特異功能。

那「吃苦的能力」，對從小就扛水泥的我～超強！如果吃苦有分等級的話，我應該是大魔王級別了……嘻。

就這樣做工了三十年，工人的生活平凡單調卻很踏實，讓我滿足現實生活的挑戰。我也從來不曾逃避，只能選擇「直球對決」，沒錯！這一路以來真的很辛苦，在我沒有任何背景的奧援下，唯有自己的雙手，和那個選擇跟我一起吃苦的「傻太太」，就這樣不屈服地硬骨過活，一心只想照顧好妻小，我什麼都不怕，只怕沒有工作、沒有收入……好在許多的苦難都過去了，真的別怕～真的。

記得以前老師傅常掛在嘴邊的一句話：「做工欸袂好額，麻餓袂死。」自己親身感受一番還真的是如此，但是現在時代不同了，阿鴻想說一句自己的話：「做工讓我活出自我，過得自在，能讓我顧好家人與我。」

阿鴻期許「水泥工」這個職業的傳統產業觀感，會在新世代工匠形象的扭轉下，呈現嶄新的樣貌與氣息，期待創造自己的價值，樹立自己的口碑品牌，誰說：「不讀書就去做工的?!」

做工不是你想的那麼容易，好嗎？

我沒什麼成就，更沒有學歷，就只會泥作，但是在從事「水泥工」的這條路上，我感受到人情冷暖，領悟到人生道理，即便我那平凡的卑微，有點不堪回首，有點難以啟齒，卻早已深埋在內心深處～阿鴻這次選擇鼓起勇氣往自己的心坎挖，再次面對過往，我也想跟大家分享自己一切的一切！

我們都有自己的人生，有本難唸的經，這本屬於自己的人生腳本，我們正在演繹著，無論此時此刻的臉龐是否流著淚，或是下個分鏡是那麼地帥氣，都是最真的我們，請認真地感受它，享受它！

今天四十三歲的我依然是當年那個十五歲的阿鴻，我仍然日復一日地扛著水泥並扛起人生，我始終覺得做工是一件很帥的事！

加油，一步步地往前邁進吧！

PHOTO／AnewChen

為了 1 ～ 2mm 的差距，努力調整磁磚位置；
為了遙不可及的夢想，流血流汗。
別為了夢想太遠而沮喪，
眼前做好每件事的自己，超屌！

Chapter 1

工匠藝術

吃得了苦，才能學功夫

十五歲時，我進工地當泥作學徒。當學徒的第一件事，一定是先學調酒。

調什麼酒？就是保力達、維士比這類藥酒，加上一罐維大力、沙士、莎莎亞椰奶……之類的飲料。這種一瓶藥酒搭配一罐飲料的組合，就叫做「一組」。

這「一組」，就像施工前的開工儀式。大家聚在一起，看起來好像在開會，其實只是在唬爛幹古、東拉西扯。有時候一人買一組，每個師傅口味都不一樣，透早就有六、七組等在那裡。

保力達、維士比就像工地裡的「黑油」，有黑油，機器才能運轉。另外還有一種「汽油」是啤酒。黑油加汽油，就是保力達加啤酒。

想想也很趣味，現在在韓劇裡，常常看到一種燒酒加啤酒的調酒，稱作「燒啤」，其實我們台灣的工匠師傅早早就這樣喝了，起碼領先「韓流」幾十年。

不該做的挑著做，該做的搶著做

當學徒第一件事，不是學功夫，是先學壞習慣。這件事好不好，當然是見仁見智。

但是在工地裡，師傅這樣做，學徒也只能跟著做，不然師傅會覺得：「啊你真的有要來跟我學功夫嗎？你是我這國的嗎？」

所以，就算喝保力達會心悸，我還是會跟著喝啤酒。但我也是會挑的，像抽菸、吃檳榔這些習慣，我就沒有學。

我知道，成事在人，壞習慣不用照單全收，我可以有選擇性的「配合」，只要別讓師傅覺得我難鬥陣就好，自己的原則還是要有。

不該做的可以挑著做，該做的要搶著做。

比如剛進工地的時候，工地裡有七、八個師傅，只有我一個學徒。每個師傅要準備東西，第一個一定都叫我。

「阿鴻！」

「阿鴻，哩來！」

「阿鴻，卡緊咧！」

那段時間，耳邊全是師傅喊我的聲音，我每天都像無頭蒼蠅，在工地衝來衝去。

那時候我年紀小，單純得像張白紙，什麼都不懂，什麼都不會。不知道工具名稱，也完全抱不動水泥。只要手稍微髒了，就跑去洗手，還會一直把手拿起來聞。

每個師傅看我這樣，心裡不免覺得：害啊！這個少年欸可能做不久。偏偏我年輕，初生之犢不畏虎，不懂什麼是累，吃苦當吃補，被師傅「幹譙」也不怕。

工具名稱不知道？多記幾次就對了。
水泥扛不動？多跑幾趟就抱得動了。

有師傅唸我，我就默默聽、虛心接受。不管再苦再累，為了生活，我咬牙也會撐下去！

我養成第一個到工地的習慣，師傅還沒來之前，我就把施工前該做的前置作業統統準備好了；師傅們累的時候，我就自告奮勇，拍拍胸脯說：「師欸，換我來！」

隨著時間一天天過去，慢慢的，師傅們看我的眼神不一樣了；越來越喜歡我，也開始會「放功夫」給我了。

師傅們會在施工時，把我叫到旁邊，親身示範，然後叫我認真看。

在古早年代裡，哪有什麼系統式的教學？更別提有什麼教材，或是固定的教學流程。

學徒要學成，靠的全是師傅手把手的養成，但是師傅們往往沒有學過要怎麼「教」學徒，靠的全是傳承下來的經驗。

「看就對了，看就會了。」是他們以前從上個師傅那裡學到的經驗，所以他們現在自然也是把我叫到旁邊「看」。

但是，要是能夠一看就會，學徒還需要當學徒嗎？在這樣的情形下，我常常被師傅電得滿頭包，三天兩頭都被罵。

不過，我是這樣想的啦！被罵又怎樣？被罵又不會痛，學到的功夫卻可以跟著我一輩子。我知道技藝很重要、功夫很重要，只要肯看、肯做，有一天一定學得會，學到的都是自己的本事！

所以只要有師傅喊「阿鴻」，我一定立刻小跑步過去，搶著做、搶著看、搶著學。

Jump Tempo
PHOTO／AnewChen

PHOTO／AnewChen

認命，也要有韌性

十八歲時，我有個泥作師兄。我們年齡相仿，都是學徒，比較有話聊，就是台語說的「有伴」。

他很聰明，工地粗重的工作很多，他知道多撐一下，我就會去搬；稍微迴避一下，他就會比較輕鬆。他還知道該如何討好師傅們、如何和師傅們相處，而我沒想那麼多，就認命、認分地把菜鳥工作扛起來，讓他多了很多跟在師傅們身旁「學功夫」的機會。

幾個月過去，我知道我的工錢比師兄少，而他的工作比我輕鬆；我是工地裡留下來善後的人，總是最後一個走，而他總是和師傅們同時離開。

有時候，也會在心裡偷偷怨嘆，覺得自己到底為什麼這麼拚？既沒有賺比較多錢，還少了很多學功夫的機會。

直到有一天，師傅發薪水，拿著薪資袋，拍拍我的肩，對我說：「阿鴻，保持下去，大家都看在眼裡。」

我才默默發現，我的薪水竟然比師兄還高了！我拿著薪資袋傻傻地站了好一會，心裡漲得滿滿的，很感動，也很欣慰，有了很深很深的踏實感，感覺目標也更明確了。

原來師傅都有在看，原來拚搏是有用的！

原來只有更認真，才能讓自己更好！

原來無論做什麼事，對得起自己才是最重要的！

從那時候開始，我就明白了做人不只要認命，還要有韌性，必須像橡皮筋一樣，好好撐住，不能被小事拉斷，更不要輕易怨嘆。

只有吃得了苦，才能學得到真功夫。

內心的強大才是最厲害的，哪管外頭千變萬化！

堅持下去！Keep going！

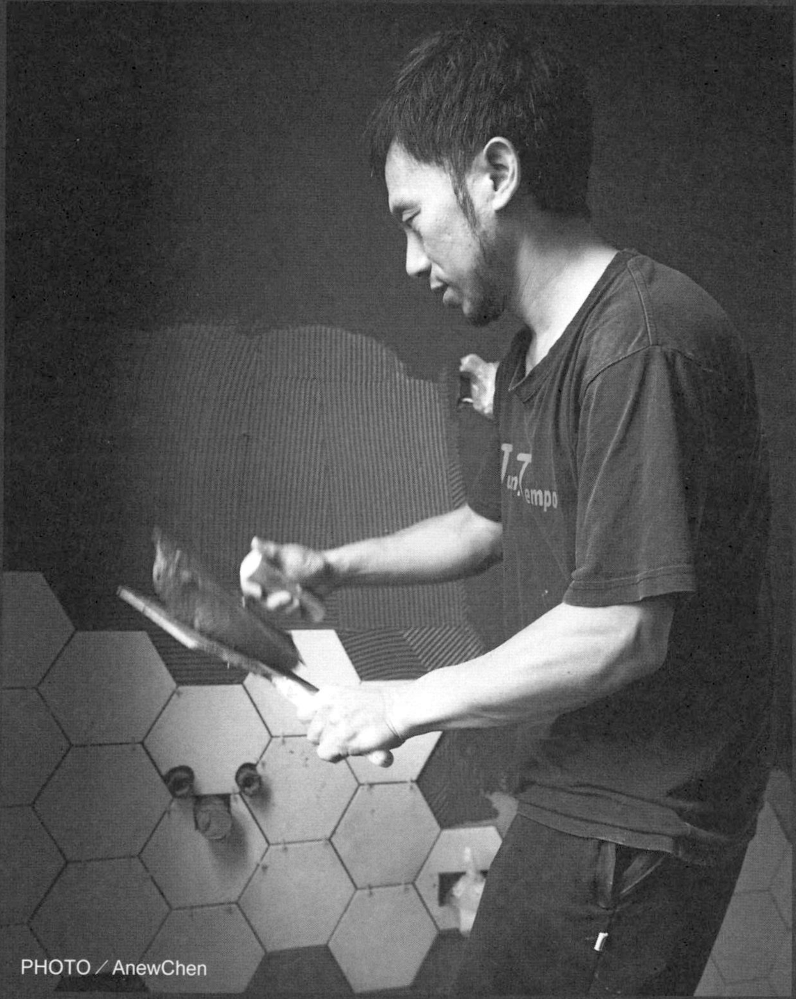

做好分內的工作、顧好自己的口碑，始終是我的堅持。

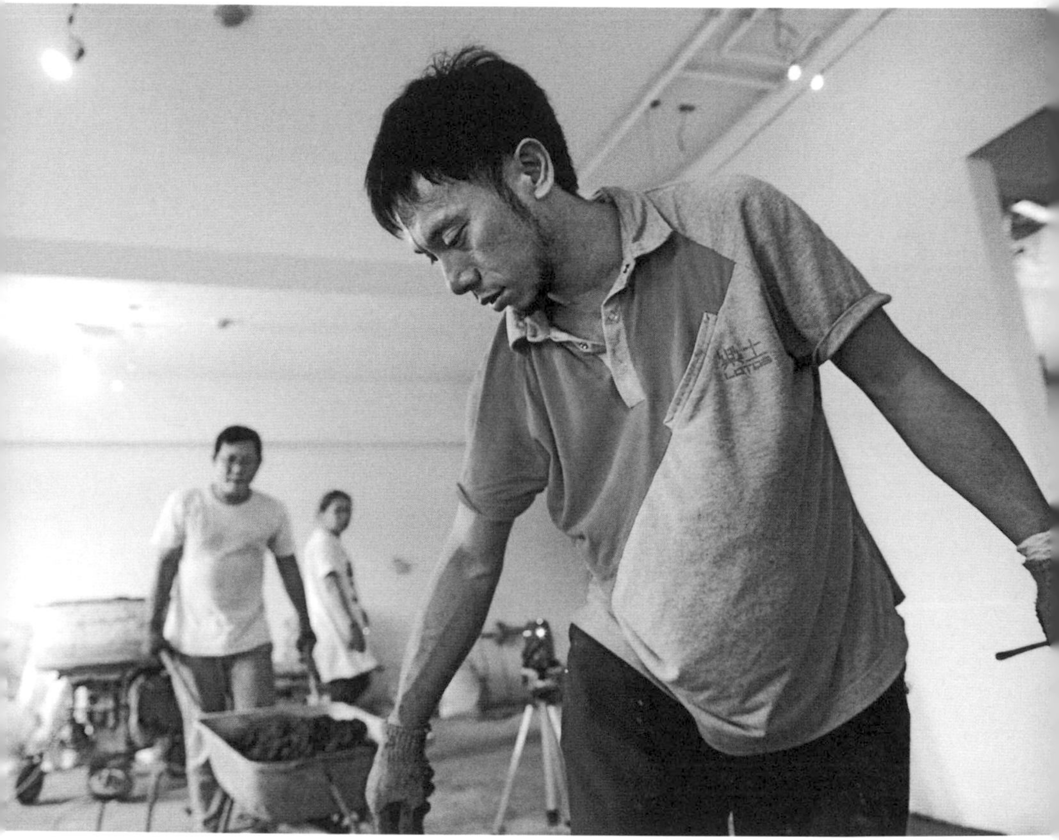

PHOTO／AnewChen

不讀書就去做工

有句話說：「不讀書就去做工。」

我是南部囝仔，和大多數小孩一樣，每天就是吃飯、睡覺、讀書、跟同學抬槓。國中的時候，我讀的是升學班，成績不錯，還拿過獎學金。後來的聯考，我考上了南二中。

本來，我以為我會和其他同學一樣，順利升學，當個平凡的高中生。沒想到有天半夜睡得迷迷糊糊，家人急急忙忙把我搖醒，叫我把東西收一收，說要走了。

「走？走去哪？」我睡眼惺忪地問，可是沒有半個人回答我。

看他們這樣，我感覺家裡好像出大事，也跟著緊張起來，只好趕快打包，糊里糊塗地跟著大人搭上車。汽車一路搖搖晃晃的，等我一覺醒來，已經到了台北。

後來，才知道原來阿爸在躲債，這叫做「跑路」。

那時候，舅舅知道我們家有困難，就跟我說；「阿鴻，反正你考到的是南部的學校，現在也沒辦法讀，不然就來跟阿舅做工吧。」

老實講，那時候細漢，並不明白做工要幹麼，具體的工作內容是什麼，只想著：反正我現在沒書念，整天閒閒嘛。那既然家裡欠錢，我出來做事，至少可以補貼家用。

就這樣，我跟著舅舅來到了工地學泥作，這一做就快三十年。

以前常聽長輩訓斥小孩「不讀書就去做工」！

今天換阿鴻挺起胸膛說：「做工，你夠格嗎？」
現在全球缺工潮，
有錢～還不一定找得到好技術、好師傅……
阿鴻還是那句老話：做工是件很帥的事！

PHOTO／AnewChen

連開機都不會

因為要負擔家計的緣故，所以我上來台北之後，就沒有機會再讀書了。

如果你問我：「阿鴻，國中畢業後沒有繼續升學，你後悔嗎？」

坦白講……很後悔，應該說是遺憾吧？覺得自己沒有那種熱血的學生時代，有很多東西沒學到。

像十五、六歲的時候，大家不是都會去泡網咖嗎？那時候，朋友都已經坐在電腦前開始玩遊戲了，只有我還傻傻站在電腦前，連開機都不會。

後來，我想經營部落格，放一些施工前後的照片給業主看，滑鼠在螢幕上滑來滑去、按來按去，有看沒有懂，霧煞煞，完全不知道該怎麼做。

你想嘛，我連開機都不會，怎麼可能看得懂操作介面，又要怎麼寫文章、怎麼上傳照片？

所以，光是為了這個部落格，我就比別人花了更多時間，用了更大的心力。挫折的時候也有，我只能告訴自己：沒關係，不會就學！打字不會，我就用一指神功慢慢敲，龜速也不要緊，總有一天會給我爬到！

這樣慢慢做，部落格最後也是漸漸被我弄起來，越來越有作品集的樣子。

每次和業主溝通，打開部落格給業主看的時候，我都覺得很有成就感、很滿意！因為這是我自己從無到有，一個字一個字慢慢打出來的。

往事不堪回首，眼前的路不得不走

再之後，因為學歷而碰壁，覺得挫折，大概就是二十四歲的時候。

那時候，我想去考泥作證照，但考證照需要高中職畢業的門檻。我只有國中畢業，如果要有高中職的學歷，就必須再去讀夜校。

可是當時我已經結婚、生小孩了，家裡有兩個小孩要顧，再加上工作忙、經濟負擔很重，在這樣蠟燭多頭燒的情況下，我實在忙不過來，最後只好放棄。

這一路走來，說心裡沒有怨嘆是騙人的，尤其每次聽人家說「不讀書就去做工」，也是會覺得自己好像很卑微，好像不如人。

我沒有了學生時代青春的熱血，
滿是工地的甘苦回憶！
一直以來都塵封在內心深處，
也許是忘了、也許是選擇性的下意識逃避～

學生時期就做好自己的本分，
出了社會麻煩就全力以赴地拚，責任就扛在肩頭！
往事總是不堪回首，
但是眼前的路不得不走！

但是怨嘆歸怨嘆，日子還是要過，生活還是要顧，總不能成天唉聲嘆氣，什麼事情都不做吧？

沒有學生回憶又怎樣？我有滿滿的工地甘苦談，還有滿滿的技術、工藝。如果因為學歷而封閉自己，整天怨天尤人，那就太吃虧了！

所以後來我想到一個鼓勵自己的方法，說出來也不怕你們笑，只要覺得心裡不爽快，我就會去打開記工簿（每天出勤上班的筆記簿），數數自己上了幾天工，算算能拿到多少工錢，然後就會覺得很開心了。

既然要做，那就要做到最好，對吧？一人一款命，也許我生下來就注定要拿鏝刀啊！

一步步踏實走、慢慢走，我忙得很開心，忙得很充實，就算偶爾撞牆也不怕，絕不讓任何事情卡住我，成為我的障礙，為的就是人生不再有遺憾。

我砌著紅磚、扛著水泥，是為了生活！
鏝著泥漿、創作著水泥，是為了自己！
我用水泥砌築著獨一無二的人生！
別人握筆，我握鏝刀，肩上扛的不只是水泥、是生計、是責任，更是我對自己的期許、對泥作工藝的堅定、對生命的熱情！

往事不堪回首，眼前的路不得不走！
全力以赴、拚就對了！

無彼種屁股，唔通吃彼種瀉藥

「阿鴻師傅，你怎麼還在工地施工？」

「工程交給師傅做啦，你負責接案當老闆就好了啊！」

「你這樣子事業做不大，賺不了錢的餒！真是太大材小用了啦！」

在施工現場，我常聽見這樣的話，每次我都笑笑的，其實內心已經演過一輪又一輪的小劇場，回想起很多往事。

羨慕別人的人生

兒時，我羨慕已經進入學校就讀的哥哥、姐姐們，覺得他們好厲害，會自己吃飯、自己穿衣服、自己寫字！

學生時期，我羨慕已經踏入社會工作的大人們，覺得他們很自由、很獨立、不用背書考試！

學徒時期，我羨慕已經當師傅的前輩們，覺得他們的工作很帥、技藝很強、很有個性！

當上師傅後，我羨慕已經出來接案、包工程的老闆們，覺得他們好厲害，會做、還有業務能力，不只能賺工錢、還有利潤！

我想當老闆，想跳脫「做工」這日復一日的宿命；我想賺更多的錢，想證明我有能力出人頭地；我想飛黃騰達，更想家人以我為榮。

我想了又想，越想越羨慕，膽子也越來越大，覺得：對啊！我為什麼不出來做做看？

然後……我就衝了！

而且我野心很大，對工程來者不拒。我的案場超多、師傅超多、電話也超多！我賺了一點點錢，但是事情的發展和我想的完全不一樣。我沒有出人頭地，反倒把自己搞得烏煙瘴氣。

PHOTO／AnewChen

無彼種屁股，唔通吃彼種瀉藥

長期以來，工程業界其實有種不太健康的生態：廠商、師傅迫於人情壓力，在分身乏術的時候，還是承接了過量的工作。

當我跳下來當老闆時，也犯了同樣的錯誤。於是，在工作上出現了相當大的問題。

就簡單地拿以下幾點來說吧：

一、師資人力（師傅）消化不了工作量，只能趕工、加班，完全沒有喘息的空間。

二、無法在設定的期限內完成任務，延誤了案場的施工進度。而一場又一場的延誤，造成全面性的進度大雪崩。

三、在常態性趕工的情形下，無法有效率地檢視施工品質，以至施工問題相繼出現，陷入無止境收拾爛攤子的惡性循環。

四、忙得焦頭爛額，卻搞砸了施工品質，被罵得狗血淋頭，對信用造成打擊。

過程中，師傅們的施工品質出現了明顯的優劣，案場也出現了不該有的施工瑕疵。

直到此時，我才含淚體認到一個很殘酷的事實——我無法掌握每位師傅的施工準確度，無法達到我想要的施工標準，更無法兼顧過量的泥作案場。

更糟糕的是，我愧對了自己的技術與專業，令業主對我產生不信任感。

為了風光的老闆光環、創造更多收入，卻落得這樣的下場，我受到很大的衝擊，不斷捫心自問：

值得嗎？
值得嗎？
值得嗎？

有句話說：「無彼種屁股，唔通吃彼種瀉藥。」我有多少能耐，自己最清楚了，不是嗎？

為什麼我會把自己搞成這樣？

學好自己的本職技能、尊重自己的專業、
好好塑造工匠的形象、照顧好自己的身體健康、
規劃好自己的人生目標……

「泥作」已經開始露出了曙光 ～

PHOTO／AnewChen

回歸初心

發現自己的缺點、罩門、弱項之後，我痛定思痛，漸漸回想起當師傅的時候，那分做工的單純；我回顧起學徒時期，青澀的荒唐趣事；我明白了學生時期，讀書考試的重要性；我更憶起了兒時，那些單純幸福的生活點滴。

曾幾何時，我的責任重了、壓力大了，「羨慕」令我產生欲望，刺激我成長、進化的同時，也令我迷失生活的方向。

PHOTO／AnewChen

我盲目地追求名利，卻失去工作的樂趣、生活的意義。

歷經這番波折後，我才終於領悟到：我不配當泥作大老闆，比較適合當泥作施工的班長！

在案場施工的我，才是最有成就感、最滿足、最快樂的。於是我減少案量，回歸初心，專心扮演好「泥作師傅」的角色。案場配合是緣分，無緣也不強求。

我開心地在案場施工、記錄所有的工序流程、感受施工問題，嘗試更新更多的新方法！

堅持「工序」、堅持「專業」、堅持「態度」！

我終於找到了自我。

我的人生踏實快樂，我的內心知足強大，我不需要昧著良心工作，更不需要為了工作，賠上我的家庭生活、賠上孩子們的成長歷程。

流汗抱水泥才踏實

現在，我又回到工地扛水泥。

野心不見了，只剩下信念。

我在「賺錢」與「夢想」之間平衡。

我想把每個業主泥作裝修的終身大事做好，認真地做、用心地琢磨、全力以赴地完成，同時也希望身旁仍有最愛的家人陪伴，不因此犧牲家庭生活。

我想做出令業主滿意的作品，也想做有意義的事，我想做自己！

我的能力有限，只能做自己有把握的事，而我最有把握的事，就是「水泥工」。

我就是「泥作小班長」——阿鴻師傅。

四十三歲的我，不曾荒廢重訓，依然保持著三十歲時的體力。

我瞻前顧後，對前景有期盼也有計畫，擁有五十五歲的思維與遠見。

我渾身是勁，熱情與初衷不變，像個二十歲的年輕人。

當案場的廢墟變成「作品」，我會在內心高聲吶喊著：「阿鴻，Good Job！做就對了！做自己喜歡的、做自己擅長的、做一個讓自己開心、充滿成就的作品！」

雖然我無法成為那個想幹大事、統包很多工程的大老闆，但是，我一定是那個知足常樂、盡力圓夢的泥作師傅！

PHOTO／AnewChen

有個年輕學徒，
整天在工地，忙得像個無頭蒼蠅一樣～
每個師傅使喚他，他就努力狂奔！

他年輕、也不懂什麼是累，
被師傅「幹譙」也默默接受。
習慣來到工地第一個遇見他……
習慣他準備好每個施工前置作業……
習慣他在工地小跑步的節奏……
習慣他在師傅快下班、疲累時站在旁邊說：
「師欸，換哇來！」
師傅們默默地整理衣著：
「鴻仔，做乎水喔！家私愛洗乎清企喔！」

這個年輕人踏上泥作這條路了……
恭喜他！傻傻地、一路堅持到現在。

阿鴻的鏝抹魂

水泥作畫是我紓壓的方式，拿著鏝刀和抹刀的我，無所不畫，連早餐吐司也不放過。

我覺得用鏝刀將水泥變換成各種模樣是件很療癒的事，本來只是畫好玩、畫興趣，從來沒想過要畫出什麼名堂。

但是，自從前幾年「清水模」建築大行其道之後，我這一身「無所不畫」的功夫卻突然得到了嶄露頭角、派上用場的機會。

我先簡單為大家說明一下什麼是「清水模」——「清水模」是一種建築表現手法，指的是直接以水泥和砂漿混合出的混凝土來當作牆面，上面不再貼磚、塗料，直接裸露出混

一早想說吃個奶酥吐司，
於是……

鏝抹魂就燃燒了！（職業病餒 XD ～）

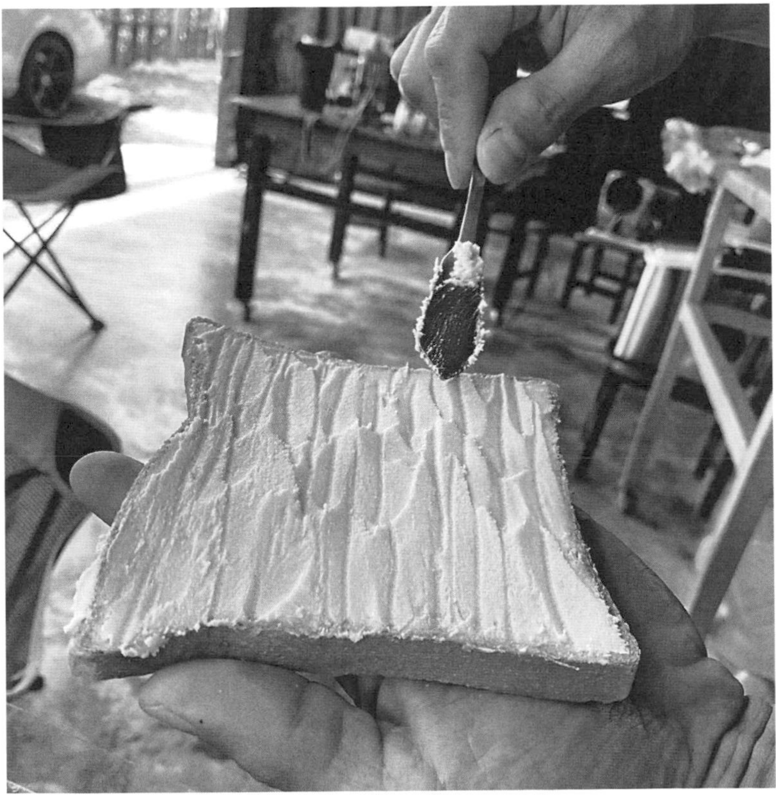

凝土最原始的部分。

也就是說，以往會被磁磚、油漆擋住的水泥牆面，現在有了被看見的機會。

像鼎鼎大名的建築師「安藤忠雄」就很愛用清水模設計，相信大家應該或多或少有印象。假如還是不知道，網路搜尋一下，就會明白了。

配角出頭天

由於清水模建築蔚為風潮的關係，我在工地漸漸有了一些「完成水泥畫面」的機會。有時是一面主題牆，有時是一個空間，在這裡，我可以盡情用鏝刀去抹它、形塑它，讓它成為建築裡密不可分的風景。不只堅固、牢靠、美麗，最重要的是很有特色，絕對獨一無二！

而陸陸續續地做了一個案子、兩個案子之後，我越做越上手，越來越有成就感，到後來，甚至還有屋主要求我在牆面上落款。

我真的很震驚，也很受寵若驚，因為這對我來說是一件完全不可能想到的事！

坦白講，水泥以前其實一直都是工地裡的配角。

它很便宜、很樸實，使用在結構型的建設上，簡單地說，就是用來打底啦！打底過後，它就會被油漆覆蓋，被一些板子、大理石修飾掉，又或是被貼上一堆磁磚、石子……所以雖然水泥很基本、很重要，但一直以來，並沒有太多人在意水泥這個東西。

沒想到清水模突然讓水泥被看見了，而我們泥作師傅的手藝也能被大家看得更清楚，這是一個很不可思議的轉折。

水泥鏝抹是藝術，是我的底氣！

「欸，阿鴻，反正你這麼喜歡玩水泥，就來教大家用水泥畫畫啊！你要不要來我這邊，開個水泥鏝抹的課程？」

那時候，我的好朋友阿彥師傅有個手作教室，當他問我要不要開課時，我真的嚇傻了。

我一方面很心動，一方面也很忐忑，心想：我十五歲就來工地當學徒了，我能夠當老師嗎？雖然我自己愛畫，但自己畫和教別人畫不一樣，我應付得來嗎？

人家清水模是因為安藤忠雄才迎來了這麼巨大的「轉折」，那我也能因此迎來「轉折」嗎？

我雖然有點猶豫，但最後還是決定鼓起勇氣試試看；和阿彥師傅經過一番討論之後，我們決定推出「水泥鏝抹無框畫」的課程。

PHOTO／AnewChen

鏝抹課程著重在泥作師傅的手作技藝，透過抹刀、透過手作的痕跡和質地，將我們的技藝發展出去。

同時，因為備課的緣故，我嘗試將水泥調色，賦予水泥更多元繽紛的面貌，甚至做出抽象畫的表現。

以往亂畫亂玩的經驗全都派上用場，我玩得不亦樂乎，當初的擔心全是多餘，簡直杞人憂天。

我根本不需要去煩惱自己夠不夠格當老師，因為當我拿著鏝刀和抹刀時，那股身為泥作師傅的自信心與使命感就湧現了！

鏝刀就是畫刀，我拿了將近三十年，手中揮灑的不只是水泥，更是創作、技藝，也是我在水泥中打滾的歷練與人生！

滿滿的熱血就是我的動力，嫻熟的工藝就是我的底氣！

水泥的鏝抹是種藝術，更是技藝的演繹！

熊熊燃燒的，是我熾熱的鏝抹魂！

經典永遠不會變

我一直都認為水泥很經典，它既樸實又堅毅，在工地裡曖曖內含光，明明很重要，卻從來不搶鋒頭。

如今水泥從配角成為主角，從黑白變成彩色、從單純的牆面變成藝術品、從建材變成畫、從很便宜變得很潮……無論水泥有多少種不同的面貌，它的本質永遠不會改變，依舊那麼穩固、那麼可靠、那麼踏實，讓人很有安全感。

可能我的人生已經和水泥牢牢綁在一起，密不可分了吧！我總覺得自己和水泥有點像。

我可以是那個別人眼中看沒有的水泥工，也可以是備受業主禮遇的泥作師傅；我可以是丈夫、可以是爸爸、可以是職人、可以是講師，也可以是手作老師……我的角色可以豐富多變，但初衷、初心永遠不會改變。

無論大環境怎麼變動，我的身分有了怎樣的變化，我始終都是那個在工地扛著水泥的阿鴻。

我的手裡依然拿著鏝刀，腳上依然穿著膠鞋；我依然瀟灑地抱著我的夢想，依然認分地扛著我的人生！

我無法預期我會怎樣，但我知道我能怎樣！

我會用不同的力道來驗證未來，讓自己更開心一點，享受生命中的每一刻！

我會率性揮灑自己想要的生活，不活在別人設限的框架中！Do It！Now！

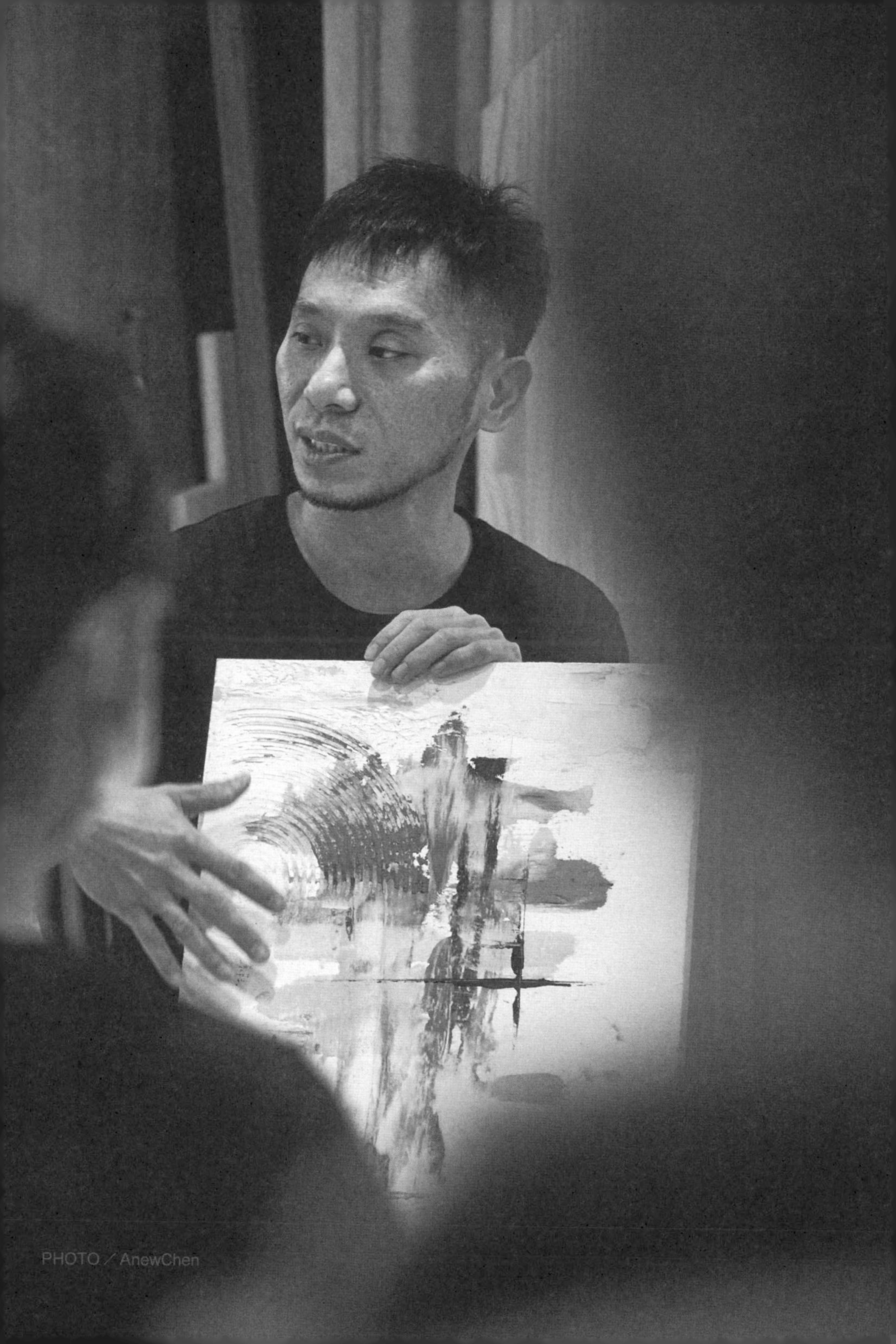
PHOTO／AnewChen

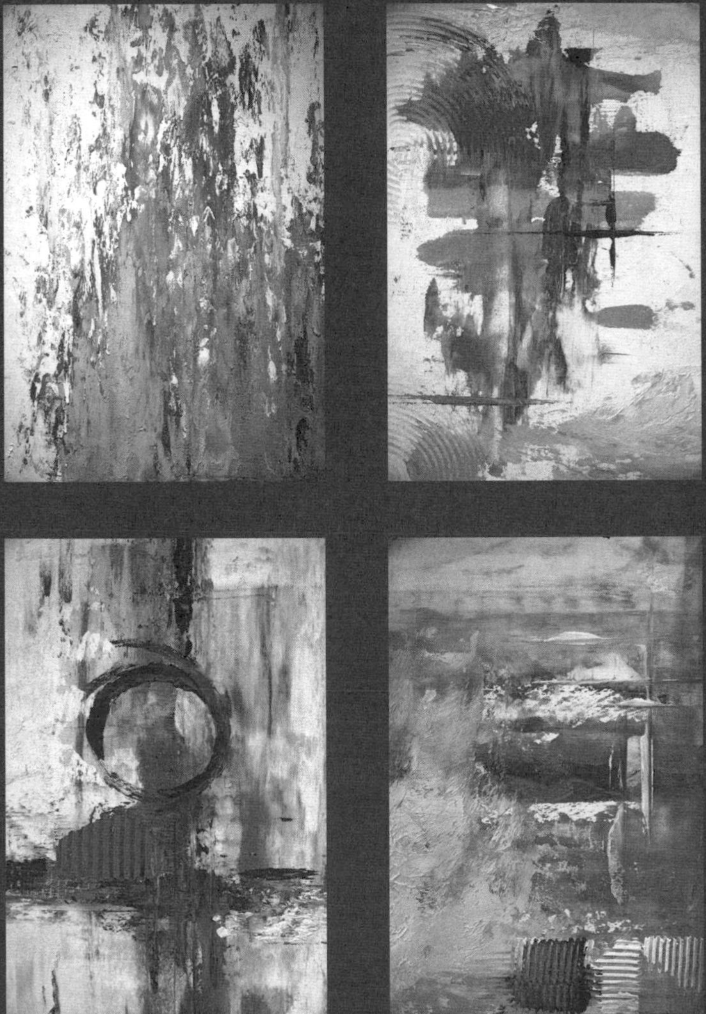

開心地玩水泥，是我最享受的事。

PHOTO／all by AnewChen

做工是件很帥的事

自從拿起鏝刀的那刻開始，我就是「土水師」。

鏝刀早已牢牢黏在我掌心，土水師的精神早已深深刻入我靈魂。

我從來不把泥作當成商品，因為它是技術、是工藝；是一種格調、是一種宿命、更是我當成畢生志業，矢志推廣的使命！

PHOTO／AnewChen

用心對待每個獨一無二的家

我是泥作的「醫生」。我能為屋主解決屋況的疑難雜症，讓屋主安心地把工作交付給我。

我是泥作的「律師」。我能提供屋主諮詢，令屋主明白自己的泥作需求，選擇對自己有利的施工選項。

我是泥作的「老師」。我能給予屋主正確的概念，讓屋主了解施工系統該如何與施工現況平衡，選擇「必須品」，而不是追求「奢侈品」。

我可以不說話，但絕對不會昧著良心說話；我能努力解決問題，但必須先找出問題。

傳統觀念都以為土水師很粗獷、很豪邁，但我很細膩、很龜毛。即使是看不見的細節，我也絕對會盡本分，做到極致、做到最好。

每個案場都是獨一無二的家，而泥作是非常重要的基礎結構，禁不起絲毫差錯。

紮實穩固的泥作基本功，建構在房子的基礎結構裡；溫吞質樸的泥作精神，必須由土水師一步一腳印地慢慢完成！

用心設定每個細節、尺寸；勞心完成每個環節、收尾；盡心堅持每個原則、初心。

每個轉刀的動作、每個專注的眼神，都是泥作的態度。

重質不重量

做工，有做就好了嗎？還是要做好、做滿？

其實每個人都有不同見解、不同立場，就像每個人都有自己生命的篇章，會在每個轉折點，做出不同的選擇，只要自己不後悔就好。

而我的選擇是把品質做好、把口碑顧好，不要拚量、不要削價競爭。這是我對自己的基本要求。

我會為自己設定承接工作的範圍，像我目前的範圍就在台北和新北，就算新竹、桃園距離台北不遠，我也不能承接。即使屋主說要補貼車馬費，但我還是不能做。不是我不願意，而是真的沒辦法。

因為泥作不只是泥作，除了必須確實完工之外，還要能禁得起時間的考驗，而這就牽涉到保固及售後服務。

只要跨縣市，車程來回就半天，時間成本最貴。更何況，服務不止是一次、兩次的事，起碼要負五年的社會責任。

我問自己，如果要跨區域承接，我有這個能力嗎？有這麼多工班嗎？接大量的案子，做完就跑，不考慮日後的服務，這真的是我想要的嗎？也許短時間內能賺到比較多的錢，但以長遠來看呢？

每個人有不同的生涯規劃，無論是要開巷口早餐店，還是要開連鎖麥當勞，只要想清楚就好！只要自己爽就好！

我很固執，只會把一條路走到底。我覺得能夠堅持原則的自己很帥！

阿鴻是泥作師傅，不是泥作統包商；不為了接案而接案，職人魂一直都在，不做渾身不自在。

泥作無極限、用心就無限！

PHOTO ∕ AnewChen

雙手扛起的前途

以前很常有人這樣問我：「阿鴻，做工有什麼前途？」我也常常反問別人：「那你認為做什麼才有前途？」

老實說，十五歲入行的我，從不曾想過「前途」。做工對我來說，就是一個能養活自己的「差事」而已。我需要工錢才能養活自己，需要多賺點錢，才能養活妻小；而做工能讓我靠自己的力量掙錢，也能讓我好好做理財規劃，為孩子的未來打算。

做工很單純、很自在，我必須把眼前的每件小事做好、做對、做滿，認真地感受每一天，才能不愧對自己，不愧對家人，更不愧對屋主。

就這樣，傻傻走到現在，「鏝刀」與「土旁」已經陪伴我將近三十年，我始終是這個腳穿塑膠鞋的土水師，而我腳下踩的，就是當年那個十五歲阿鴻的「前途」。

做工有什麼「前途」？前途好不好？

我覺得我現在過得還不錯，沒有對不起十五歲的我。我走出自己的道路，走得很遠、很穩，而且我還會持續向前走，創造更多更多的「前途」！

前途是我雙手扛出來的、雙腿蹲出來的！

我以身為泥作師傅為榮，做工是件很帥的事！

「一技之長」很珍貴，
各行各業都一樣～
不妄自菲薄，也別自以為是，
做好自己的事情，
就是最大的事業與成就！

記得我第一次手握鏝刀，

師傅在旁邊說：

「等你出師就知道，你不是只握著工具而已，

你握住的是責任、是土水師的精神！」

Chapter 2

職人態度

學功夫沒有偷吃步

前面有提過，師傅教學徒，往往是把學徒叫來旁邊看，但是看歸看，做歸做，常常「看」了好幾遍，以為自己會了，實際操作之後，才發現其實自己根本不會，或是做不好、做錯了。

現在這個世代更是如此，網路這麼發達，我們只要透過 Google 搜尋關鍵字，或是看著 YouTube 的教學影片，就能了解絕大部分的專業知識與常識。

拿泥作來說，光是藉由網路影片與文章的分享，我們能知道磁磚該怎麼貼、水泥砂漿的比例該怎麼調整、該怎麼攪拌，也能知道紅磚砌作的細節、如何抹牆與整平……

就連我，也曾因為網路資訊，學習到一些能夠轉化、結合在施工系統裡的想法，並且嘗試落實在實務裡。

「自學時代」真的很棒，縮短了很多查找資料的時間，還能看見別人的經驗分享，真的超方便、超有效率的！

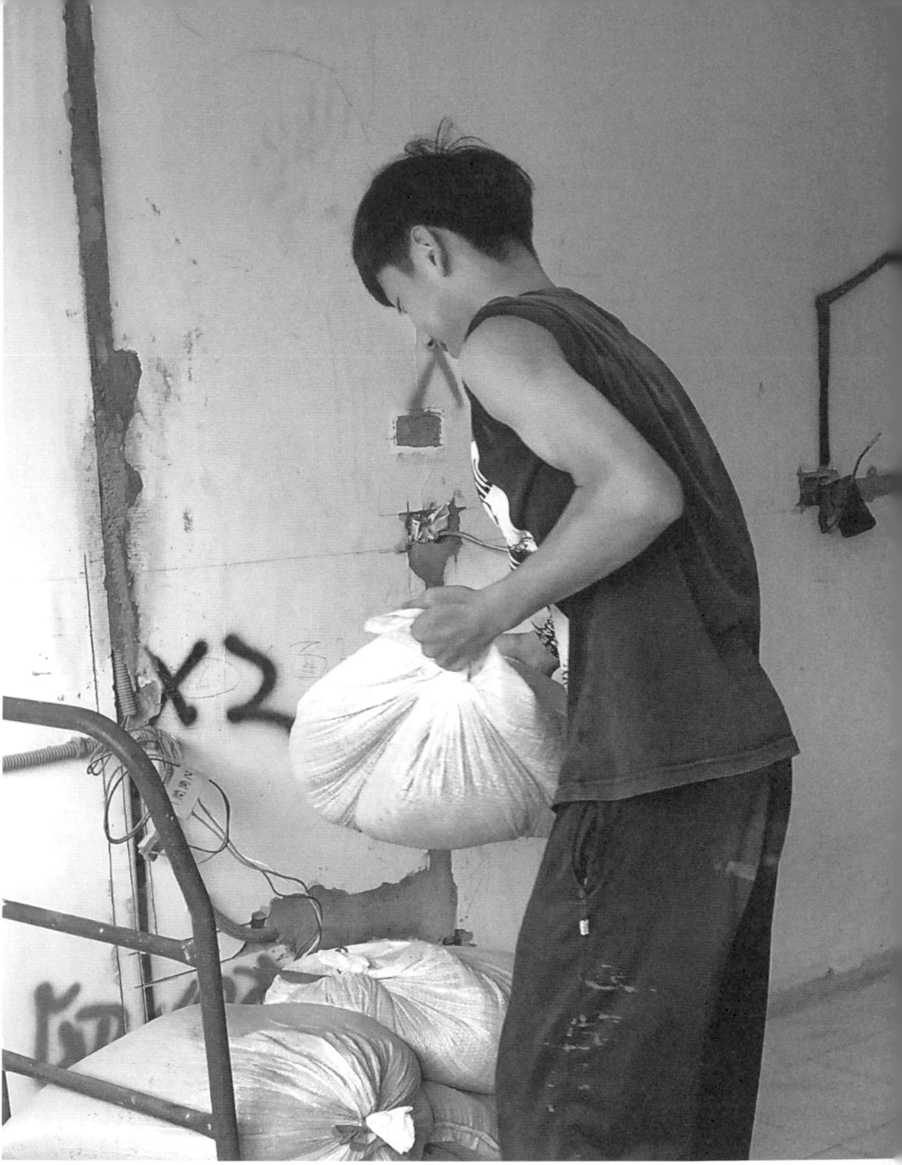

入門琢磨期——學徒、小工、半技

但是，你知道嗎？「學技能」與「學知識」完全是兩碼事，不能混為一談。

怎麼說呢？首先，想學泥作，得先經歷一段類似粗工的「體力養成期」。

在這段時期裡，必須先扛起一包又一包五十公斤重的水泥、一箱箱重得要命的磁磚，搬著數以百計的沙包，堆著成千上萬塊的紅磚……這個過程是循序漸進的，水泥很重，剛開始手會抖，沒辦法一扛就上手。

好不容易撐過來，還得學習「小工」的工作。

小工的工作是什麼？來，阿鴻講給你聽。

一、要以正確的比例攪拌水泥砂漿，並且，攪拌數量必須足夠師傅們的工作所需。

二、必須認識每個機具，對每個工序瞭若指掌。只有對流程足夠了解，才能在師傅施工前，做好前置準備；在師傅施工時，以適當的時機出現在師傅面前；在施工後，清洗工具、整理場地、保持工地的乾淨，確實地收尾及善後。

在「小工」之後，接著是「半技」。

半技得緊緊跟在師傅身旁，積極、主動地幫忙所有的工作，開始學習師傅的施工邏輯與思維。

不要看做工好像很簡單，其實在工地施工是很有節奏的，步驟要正確，節奏要穩，技術要紮實。

每位師傅都有自己的眉角和要求，這需要相當的經驗累積才能辦到，絕對不是在現場看一看，或是資料背一背就會的。

像阿鴻在當學徒時，有一次電動機具吊水泥砂進工地，我在一樓鏟砂；鏟砂的速度只要慢了一點，舅舅的鏟子就直接從二樓射下來，嚇得我根本連偷懶的念頭都不敢有。

舅舅的下一個動作都寫在他的背上，我必須要知道工序的SOP，明白他接下來要做什麼。只要流程不對，他的眼神裡就像有好幾把刀，會同時朝我射過來。

還曾經有次去做別墅的案子，跟著大家住在工寮裡。那時候，我緊張到連續兩個星期都沒有上廁所，就像有些人當兵上成功嶺一樣，吃的東西都不知道跑去哪。

這段入門琢磨期很苦，每天搬、每天扛、每天攪，不知道什麼時候才能學技術，更沒有人能保證你什麼時候出師。前路漫漫，不知道盡頭在哪裡，內心實在很煎熬。

很多新血在這段時間撐不住，就放棄了。但這段穩紮穩打的過程非常重要，每個步驟都有必須學習的理由，更是成為一位「師傅」必經的過程。

師傅熟成期

撐過入門琢磨期，好不容易媳婦熬成婆，開始嘗試師傅的技術操作，重頭戲就來了。

這時候，絕對會發現「自己做」、「看師傅做」和「準備給師傅做」，完全是天差地遠的三件事。

怎麼這個動作看師傅做很簡單？自己來就困難重重？工具怎麼拿不順手？牆怎麼抹不平？線怎麼拉不直？剛當師傅時，有次我在案場砌紅磚牆，屋主來看現場，看到我這麼年輕，就站在我旁邊，一股腦地拚命誇。

「少年欸，你幾歲啊？」

「這麼年輕就當師傅哦？不簡單哦！」

「師傅，讚哦！」

屋主左一句「師傅」，右一句「水哦」，把我誇得飄飄然，尾椎差點翹起來，很想「表現」給屋主看。

「無啦、沒有啦！」我嘴上雖然客氣地回應，其實心裡洋洋得意。

我眉飛色舞地砌牆、疊磚，疊著疊著，轟一聲，牆垮了，案場所有師傅們齊刷刷朝我看過來。屋主的臉青了，我的臉紅了，真想乾脆用水泥把自己埋起來算了。

牆為什麼會垮？說穿了，就是經驗不足。

我們砌牆時，會用一種叫做「雷射水平儀」的機器，拉出水平標線，垂直線則會用棉線來拉。

大家一定會想，啊不是有機器輔助，可以交給機器來啊？怎麼還會錯？

這樣的想法本身就是錯的，機器雖然能夠拉出精準的線，但疊磚還是得靠經驗和技術。我當時就是泥塊卡到垂直棉線，疊磚疊歪，越疊越歪，才會疊到一半，牆就垮了。

知識是死的，技能是活的，絕對不是一蹴可幾、看看就會的。只有無數次的經驗累積，才能夠造就師傅的真功夫與技術。

沒有學不會，只有撐不住

看到這裡，你可能會說：阿鴻，那是你老古板，現在時代不一樣了啦！

水泥很重，可以多叫一個人力來幫忙搬啊！

攪拌水泥砂漿很累，可以用機器攪拌啊！

我明白觀念要與時俱進，就像這一路走來，我也不斷地想要改良傳統工法。但我問你，你連水泥都搬不動，要怎麼學水泥技術？

用機器攪拌水泥砂漿固然相對輕鬆許多，但你還是要具備手工攪拌的基本技能，最起碼，必須具備手工攪拌的基本體力吧？

我們必須先學會「爬」，爬穩了，才能接著「站」，最後才有可能奔跑、甚至飛吧？

不要給自己找理由，無論時代怎麼變，學習的態度只有一種，道理是不會變的。

唯有在挫折中施作、在錯誤中學習，擁有確實的操作與反饋，才能成為一名「功夫到家」的好師傅。

牙關咬緊，熬過了、學到了，都是自己的。

在這個缺工嚴重的世代裡，學「一技之長」更為重要。

沒有「學不會」，只有「撐不住」！

學功夫沒有偷吃步，你，扛得住嗎？

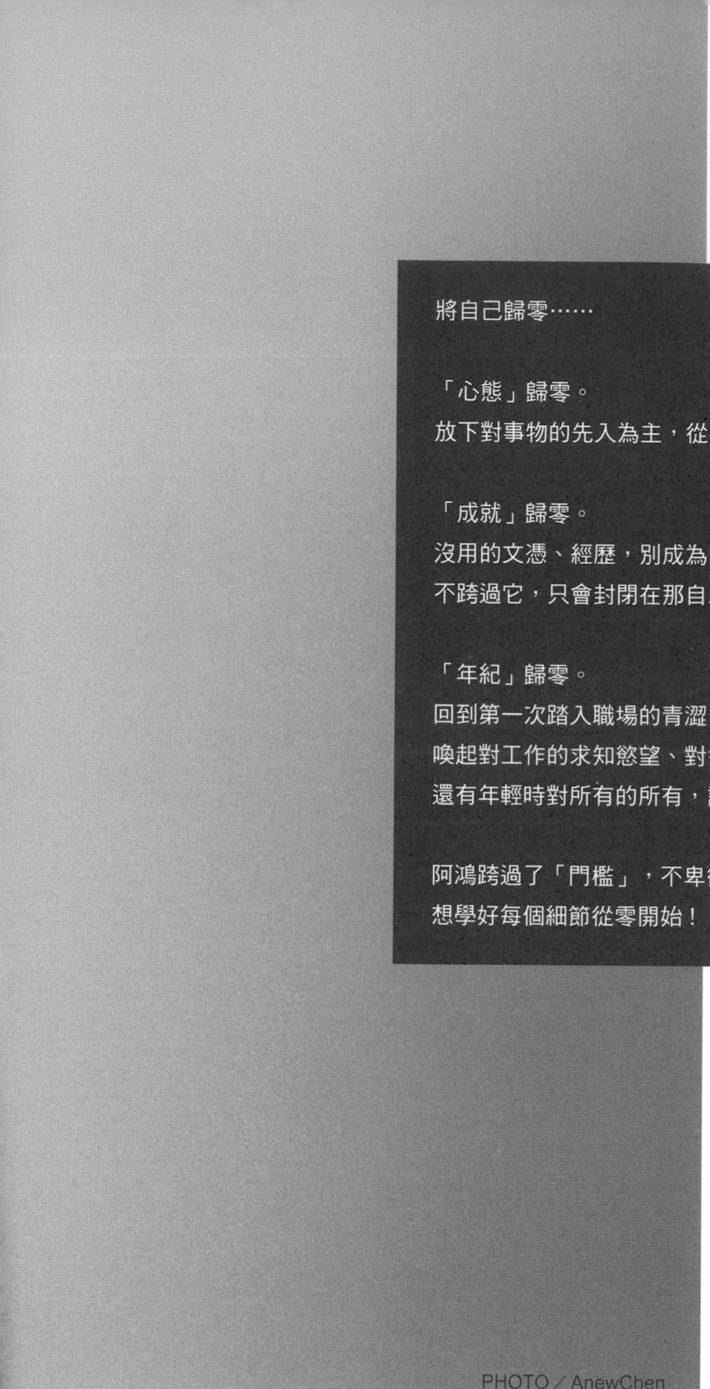

將自己歸零……

「心態」歸零。
放下對事物的先入為主，從中去找到新的定義！

「成就」歸零。
沒用的文憑、經歷，別成為門檻障礙，
不跨過它，只會封閉在那自以為的結界！

「年紀」歸零。
回到第一次踏入職場的青澀，
喚起對工作的求知慾望、對每天的展望。
還有年輕時對所有的所有，該有的期待與夢想！

阿鴻跨過了「門檻」，不卑微著工人的身分～
想學好每個細節從零開始！

PHOTO／AnewChen

傳統出自己的信仰

老實說，我有點潔癖，有點強迫症，一摸髒就會想去洗手，聞看看手有沒有洗乾淨、有沒有殘留水泥的味道。這件事在當學徒的時候，曾經是我必須努力克服的心理障礙。

現實的是，礙於經濟壓力，我沒有後路可退，於是不得不說服自己，我現在是個學徒，是個做工的人，我是靠這個賺錢的，得認清自己的身分。

手一定會髒，事一定得做，就算手上有水泥，環境不好又怎樣？

便當來了，為了有體力做工，即使菜色不喜歡，照吃！

午休時間到了，為了休息，隨便在地上鋪個紙板、水泥袋，即使上面都是泥砂，照睡！

為了在工地討生活，我必須忽略自己的潔癖、忽略自己的強迫症，必須有很多妥協。

泥匠

土水師精神

泥作就是土水。記得我第一次手裡握著鏝刀時，師傅在旁邊，語重心長地對我說：「阿鴻，等你出師，你就知道了，你握住的不只是工具，還是責任、是土水師的態度。」

當時我聽得懵懵懂懂的，其實不太明白師傅在說什麼，只覺得師傅好帥，以後我也要像師傅們一樣這麼帥！

隨著時間過去，師傅們教我的東西越來越多，我能從師傅們身上清楚地看見，無論是怎樣的技術與功夫，共同的原則都是「先求好，再求快」。把品質做好，才能要求速度。

房子是動輒幾十年的大事，既然屋主把房子託付給我們，我們就要對得起屋主，更要對得起自己。

品質是最重要的，絕對不能為了貪快而犧牲品質，這是不對的事情，更不是一個土水師該有的態度。

工地的環境、伙食或許可以妥協，潔癖、強迫症都可以放下。但是，唯一不能妥協的，是泥作的技術、是我們土水師的精神！

所以，在泥作上，我把每件小事都做到極致。

即使只是做一個水泥修補的小工程，我也會不躁進、不馬虎地慢慢做。

花半小時檢視修補的銜接狀況。

花半小時做前置防護、遮蔽工序與前置砂漿預拌空間。

花半小時修補砂漿。

花半小時清空修繕空間、清潔、整理、收尾。

一共耗費兩小時。

坦白說，我可以用非常迅速的方式，只花半小時就結束這項工作，然後拍拍屁股走人，賺到的錢其實是一樣的。

但是，我喜歡看見美美的畫面，喜歡聽見療癒的聲音，更喜歡追求完美的作品。我希望能讓每個案主都感受到，服務與態度也是泥作的一部分，這是我強迫症的堅持，也是我驕傲的土水師精神。

我無法討好每個人，但我一定會做到對自己的要求，盡到對屋主的責任。

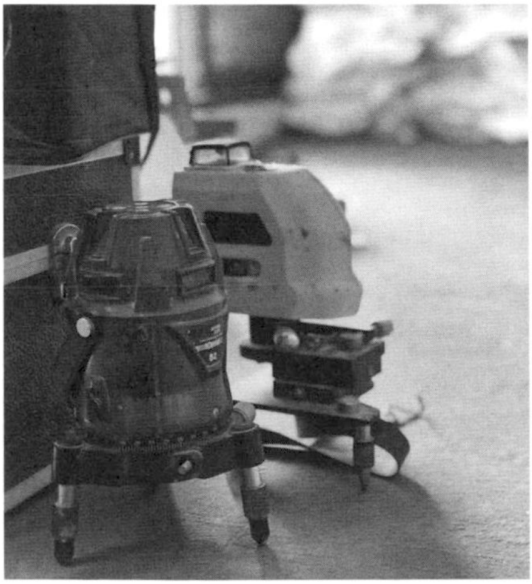

PHOTO ⁄ all by AnewChen

阻力反成為助力

當我在粉絲頁上發布工地照片時，常常會看到諸如此類的留言：

「第一次看到工地這麼乾淨！」

「泥作工具竟然擺放得這麼整齊？太強了！」

「這真的是水泥工嗎？」

每次看到這樣的留言，我都會很開心。因為整整齊齊、乾乾淨淨是我對工具基本的要求，每個案場都一樣，這大概和我的潔癖與強迫症有點關係。

我是想，做人要將心比心。屋主把屋子交給我裝潢，絕對不希望看見屋子被搞得亂七八糟，工具亂放，滿地都是垃圾、檳榔汁或菸蒂。

所以我會盡可能把環境整理好，不只自己看了舒服，建立好自己的形象，也給屋主留下一個好印象，還給屋主一個乾淨的家。

有些師傅有自己的癖好，比如抽菸、喝酒、吃檳榔，這都沒關係，要求每位師傅戒除自己的癮頭，這是很強人所難的。但是，換個角度想，你一邊做工，一邊叼根菸在那邊抽，或是光著上身、嘴裡還嚼著檳榔，這樣給人的印象就會很不好，也會影響到整個社會對工匠的觀感，以為做工的人都是這樣。

我們自己就不帥了，別人怎麼會覺得我們帥？

抽菸沒關係，可以休息五分鐘，大家一起相約出去抽，菸抽完，把菸蒂丟在固定的地方，檳榔也是。

顧好自己的形象，久而久之，才能翻轉大環境對工匠的刻板印象，建立我們的職人形象。像日本的工匠師傅形象就很好，我認為這是能夠辦到的。

所以，我對自己和師傅是很有要求的。工地的整潔、工具的擺放，不能得過且過，更不能苟且隨便。在我這樣日復一日的堅持下，有些廠商送貨來，看見我功夫不錯、環境又乾淨，就會主動索取我的名片，說要幫我介紹客人；有些設計公司也會詢問廠商，要求廠商推薦信任的、做得不錯的師傅。自從口碑做起來後，我的工作就沒斷過。

到了這個階段，我突然發現，曾經讓我深感困擾的潔癖與強迫症，竟然成為我在泥作上的助力與招牌。

或許別人沒辦法一眼就看出，我是不是個技術好的師傅，但是一定會先看出，我是個很要求的師傅！

對於泥作，我從來不妥協！堅持自己的原則，傳統出自己的信仰！

其實我並沒有特別厲害，只是擁有強大的強迫症罷了！

當學徒不如當粗工？

我身邊的工程師傅，每個都是「師徒制度」下出身的，包括我在內，我們每個人都當過學徒。

曾經有位學徒問過我：「老闆，為什麼我一直都在做『粗工』的工作？你都只叫師傅幫忙，我根本沒機會學。砌磚沒機會、抹牆沒機會、貼磚也沒機會，那我要學到什麼時候，才能當師傅？平平都是做粗活，累得半死，那我不如去當粗工，還能賺比較多工錢！」

當時聽到他這樣講，我真是一個頭兩個大，只好停下手邊的工作，反問他：「那我先問你，你搬的紅磚要放哪？水泥砂要堆在哪？磁磚要擺在哪？這些粗活也是一種學習，你

PHOTO／AnewChen

PHOTO／AnewChen

學會了嗎？」

他被我問得一愣一愣的，完全答不上來。

我承認，他說的話有一部分是對的，學徒的工作和粗工確實有重疊。尤其一開始入門，每天都在工地掃地、搬東西、搬材料；不斷幫師傅做雜事、買便當飲料、拿工具，真的是「歸剛欸」！

工作內容一樣，領的錢卻比較多，誰不想選錢多的。但是，二十歲的時候當粗工、做粗活很簡單，那四十歲的時候呢？四十歲的時候，體力還能負荷嗎？

當學徒可以學技術，技術學成了，能夠出師、成為師傅，但粗工呢？粗工做到後來，會成為什麼？

沒技術、純勞動、沒有競爭力……體力負擔不來之後，請問要靠什麼賺錢？

技術藏在細節裡

現在是技術當道的時代，一技在手，不怕日子過不下去，但是，技術要怎麼來？沒有掌握基本功，是絕對學不會的，每件大事，都是從小細節幹起。任何不起眼的小事，都有潛藏其中的學問及道理。

就拿材料擺放來說，精準的定位材料位置，才能讓後面的工序更輕鬆、順利，不影響到自己的「咖路」，就是台語所說的「施工空間」。

而搬運材料的過程，無形中也是在培養體能、肌耐力，日後才有足夠的體力，去應付成為師傅之後，必須承擔的龐大工作內容。

這些粗活能培訓出我們對職業的認知與認同，如果從入門就扛不住、處處抱怨，那真的不如就下班吧！因為成為師傅之後，所遭遇到的挫折與壓力，更是難以想像的。

培養一位師傅很不容易，不只要耗費好幾年的光陰，更要耗費強大的意志力及耐力。如果你家裡曾經有過施工的需求，應該就會知道，如今缺工現象非常嚴重，不只師傅難找，施工期也拉得很長。

這並不是台灣獨有的現象，而是全球都面臨著缺工潮的危機。

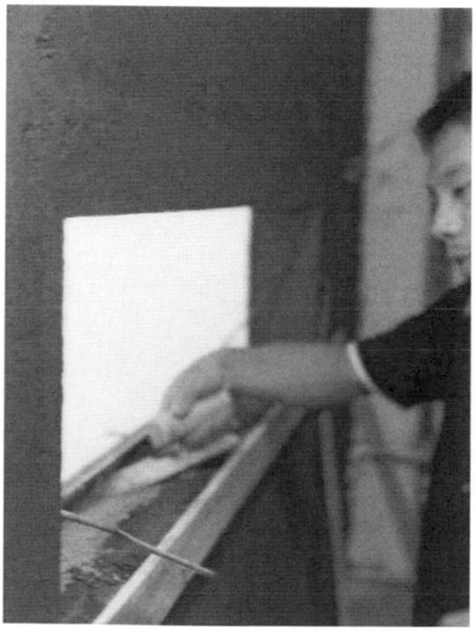

工程亂象

尤其近二十年來，興起了一股「室內設計風」，年輕學子們一窩蜂地報考室內設計科系。畢業後，一堆設計公司林立，所有相關產業，無論是木工、水電、泥作、油漆、窗簾等等，只要有人脈，大家就印著「裝潢設計公司」的名片，出來統包工程。

業界甚至有句玩笑話說：「路邊招牌掉下來，砸到的都是設計師。」

不論功力如何，只要名片在手，馬上就成為了幾十年的老資歷；只要考幾張證照，即使實務經驗再少，也能立即「扮演」成很厲害的師傅；只要畢業，就搖身一變成為「設計師」，可以主宰及調度工地現場的所有工班。

一位室內設計師，需要負責設計、規劃、監工；從拆除、水電、泥作、木工、油漆、鐵工、鋁窗、窗簾、木地板、系統廠商、廚具到特殊塗料……樣樣都得經手。

假設每個工班都需要兩位專業的師傅，那一個案場的裝修團隊，起碼需要一位設計師，加上二十位以上的師傅。

設計師這麼多，養成一位師傅卻這麼難，撇除設計師的統籌功力不談，這些「師傅」的技術，你能信任嗎？

運氣不好，可能就會遇到「所託非人」的狀況。

明明是想找個功夫實在的師傅，沒想到來的卻是半技、粗工，或是非專業統包……這情形就像我們因為牙疼，跑去牙醫診所掛號，人已經躺上診療檯，沒想到來為我們拔牙的，卻是牙醫助理或櫃檯小姐。

牙醫助理或櫃檯小姐為我們做的是非專業的治療，卻向我們收取一樣的診療費；更慘的是，他還拔錯牙，最後我們還得再找專業醫師來修補傷口、裝假牙，但是真牙已經找不回來了。

這只是比喻，卻是時下裝修產業裡時常可見的亂象。無論是請了非專業師資，硬著頭皮做，最後做出了令人啼笑皆非的成果，又或者是因為自己的非專業，誤判施工內容，導致無法完工，這兩種都俗稱為「工程蟑螂」、「工程地雷」。

在高溫 33 度以上的工地，
搬著 50 公斤的水泥包！
頂著艱難的天候、
咬牙扛著的體力活。

你怎麼看待我的職業？
泥作的入門很高門檻、
泥作的養成很磨人性、
泥作的培育很有系統。
我從來不看輕自己的價值！
我尊重自己的職業！

讓市場反應價值

要如何避免工程蟑螂、工程地雷充斥市場？唯有穩紮穩打，讓師傅的技術能被看見，價值能被重視，才能讓市場自然淘汰不適任的人選。

所以阿鴻一直認為，經過基本功打磨的師傅們，更應該著重在自己的技術本質上，把品質越做越好，讓好的品質反饋自己的價值，不該跟著低價競爭起舞。

舉例來說，一樣規格的電視，買一台大廠牌的價格，可以買兩台雜牌。

難道大廠牌會不知道市場行情嗎？難道會不知道自己的售價貴別人很多嗎？為什麼它不跟著同行削價競爭、跳樓大拍賣？它的價格，來自於它的品牌價值，來自它的市場口碑，來自它的技術規格，來自它多年來的經營，以及它的售後服務與保固維修。

好的品牌與技術能讓消費者用得信任、用得放心，更能用得開心；這就是技術的重要性，也是師傅的價值所在。

每個案場，都是師傅用心產出的「泥作客製品」；富麗堂皇的裝飾面材下，隱藏的是泥作師傅紮紮實實的基礎技藝、確確實實的工序細節；看似不起眼的基礎結構，卻擁有極大的技術含金量。

看到這裡，你還能說，當學徒不如當粗工嗎？你還能說，技術不重要嗎？

我是做工的人，更是將細節做到極致的工匠、將每件小事做到最好的職人！

我是土水師，這是我的原則、我的品牌、我的態度、我的價值！我做得到，那你呢？

不只是工人

為了推銷自己，我設立了部落格。剛開始就是放一些施工前、後的對比照片，讓屋主可以看到我們的成品，類似作品集的功能。

後來，我部落格用得越來越上手（打字打得越來越快）之後，我嘗試在部落格裡解釋施工的內容，分享不同的工序及工法，讓屋主能更了解我們的施作細節。

如此一來，我去現場丈量估價、和屋主接觸的時候，就可以省去很多介紹及溝通的時間。透過部落格，屋主能對泥作有基本的認識，也會比較容易想像完工之後的成品，對我更有信心。

可惜後來部落格必須搬家，但我不太會操作，以致於沒有搬成功。剛好那時臉書開始興起，我就轉戰到臉書，設立了「水泥工」這個私人帳號。

我以「水泥工」的身分取代部落格，就這麼用了一陣子，隨著照片及貼文越來越多，追蹤人數逐漸成長，也有些客戶會透過臉書來找我。本來我以為就這麼穩定下來了，沒想到變化又來了。

臉書大概是為了推廣粉絲專頁的功能，自動把我的私人帳號「水泥工」，改成了粉絲專頁。

先不談粉絲專頁的用法和私人帳號不太一樣，我光是摸索就花了點時間，搞得一個頭兩個大；更糟的是，「升等」成粉專後，我的貼文讚數從幾百個，驟降為十個、二十個。

我不明白怎麼會這樣，很訝異，也很挫折。但當時工作忙，根本沒時間去研究什麼演算法什麼的，那些我也不懂，最後只能摸摸鼻子，硬著頭皮默默經營。

走出國際

沒想到，粉專有天收到一則來自香港的訊息。他們是香港的業主、建築師，對我在粉絲頁上分享的水泥畫面很有興趣，想邀請我到香港去交流。

這對我而言是非常新奇的體驗，我聽不懂廣東話，於是花了很多心力在電話和訊息的往返溝通上，好不容易才敲定到香港交流的細節與行程。

行前，我非常緊張，也非常興奮，更驚人的是，到了香港之後，才發現原來自己可以這麼備受禮遇，受到這麼好的對待。

主辦方不僅全程支付我們的機票、食宿費用，每天的分享交流，都會派專車到飯店來接送；每場分享活動的現場，都架設著很多台縮時攝影機，用以掌握我們每個施作過程。主辦方對我們的泥作工法充滿高度的興趣，拍攝結束後，樂於和我們合照；空閒時，也會帶我們到砵蘭街、廟街、維多利亞港等著名景點逛逛，十分尊重我們。

我當時感到非常震撼，也非常感動。

誰說我們只是工人而已？

台灣師傅的工法、技能、態度沒有輸人！我們在國際上有過人之處，能夠吸引人來借鑑、交流。

香港業主的邀請，是打開我國際視野的第一步，讓我體認到泥作工藝是非常有價值的，比我想像中的更有價值！

這幾年，「泥作」的曙光慢慢被看見！
我們備受業主的青睞、我們讓台灣泥作師傅走出國際。
工人有了抬頭挺胸的機會～
工人不再淪為低價勞工～
做工細膩的師傅們將成為稀有的產業菁英，
讓我們更顯珍貴！

職人形象

有了第一次出國交流的經驗之後，接下來，我出席了這樣的活動好幾次；同時，也因為材料商的邀約，和日本的工匠師傅有了些許接觸與切磋。

根據我這段時間的見聞，日本師傅確實很具有大家所說的「職人精神」，他們一板一眼，工法設定很細膩、準確，很有獨到之處。

但台灣師傅其實沒有落後日本師傅太多，而且，台灣師傅也有很多工法能夠吸引國外師傅借鏡。

真的要比較的話，就我自己認為，台灣師傅和日本師傅差別最多的，還是在於「形象」。

我認為工匠形象很重要，就像醫生、老師等等專業人士一樣，既然我們穿起職業服裝、扮演起這個角色，就要讓別人感受到我們的專業。

這個專業不只要表現在我們的技術、作品上，也要展現在我們外在的形象上，最起碼要有整潔、乾淨的衛生習慣，不要讓別人看我們做工的沒有。

如果工地老是亂糟糟的，垃圾、菸蒂、酒瓶隨處亂扔，即使我們工做得再好，誰會認為我們是優秀的工匠、嚴謹的職人？

我們走出了國際，有了抬頭挺胸的機會，就必須貫徹我們的理念，自我要求！別讓傳統的工人形象框架了新世代的我們！

泥作師傅的價值

透過這幾次出國交流的經驗，讓我更加體認到：只要有平台、有技術、有實力，就能夠被看見！

社群平台很發達，我們可以善加運用它。不是指我們要多會包裝或美化自己，而是我們要樂於分享、推廣自己的技術，讓平台幫我們的硬實力說話。只要用心去實踐，慢慢就會看到成績。

如今技術人才匱乏是全球現象，歐美國家的匠師價值已經充分反應在身價上。師傅都開跑車，車比屋主好，待遇也更好，而這和台灣目前的現狀差很多。

台灣目前師傅的日薪和二十多年前相差無幾，頂多就是調漲了五百元、一千元，大致落在日薪三千五百元到日薪四千元的範圍。

PHOTO／all by AnewChen

算上通貨膨脹的影響，師傅的工資不進反退，這是一件很可怕的事情。

明明已經缺工缺得這麼嚴重，我們的社會、教育對工人的刻板印象卻依舊根深蒂固，不僅工人的地位沒有提升，連薪資也沒有。

雖然大環境不是一朝一夕能改變的，但我相信，年輕師傅應該要有相當的認知，相信自己的技能與工藝具有不可取代性，提升自己的形象、貫徹自己的理念、堅持自己的職人精神，讓工匠在整體上做出形態上的轉變，進而提升社會地位。

讀書和做工是一樣的，只是別人選擇念書，我們選擇做工。我們同樣可以把工作做好、做到極致，實現我們的自我價值與理念。

我們可以抬頭挺胸，可以很驕傲！

我們的專業技術、手作經驗是很有價值、很稀有的，只要我們有功夫，就能被尊重，我們應該站出來維護自己的價值。

也許今時今日我們的工作一樣的辛苦、一樣的危險，但我們不卑微，充滿令人期待的未來。

誰說我們只是工人？

我們是工匠、是職人、更是將每件小事揮灑得淋漓盡致的藝術家！

不藏私的土水師才是王道

我算是比較早經營部落格、粉絲頁的泥作師傅。最開始，我主要是在網路上放施工現場的前後對照圖，把它當成作品集來使用，後來，才漸漸地把泥作的工序、流程分享給大家看。

原本只是新鮮、好玩，想藉此讓大家更加了解泥作的內容、感受泥作的魅力，增加貼文的變化，不要老是那麼一成不變，並沒有抱著什麼粉絲人數暴增之類的期望。

沒想到，粉絲頁的追蹤人數這兩年增加得很快，常常有人問我是不是做了什麼改變或調整。我思來想去，最大的改變，可能就是開始分享工序吧。

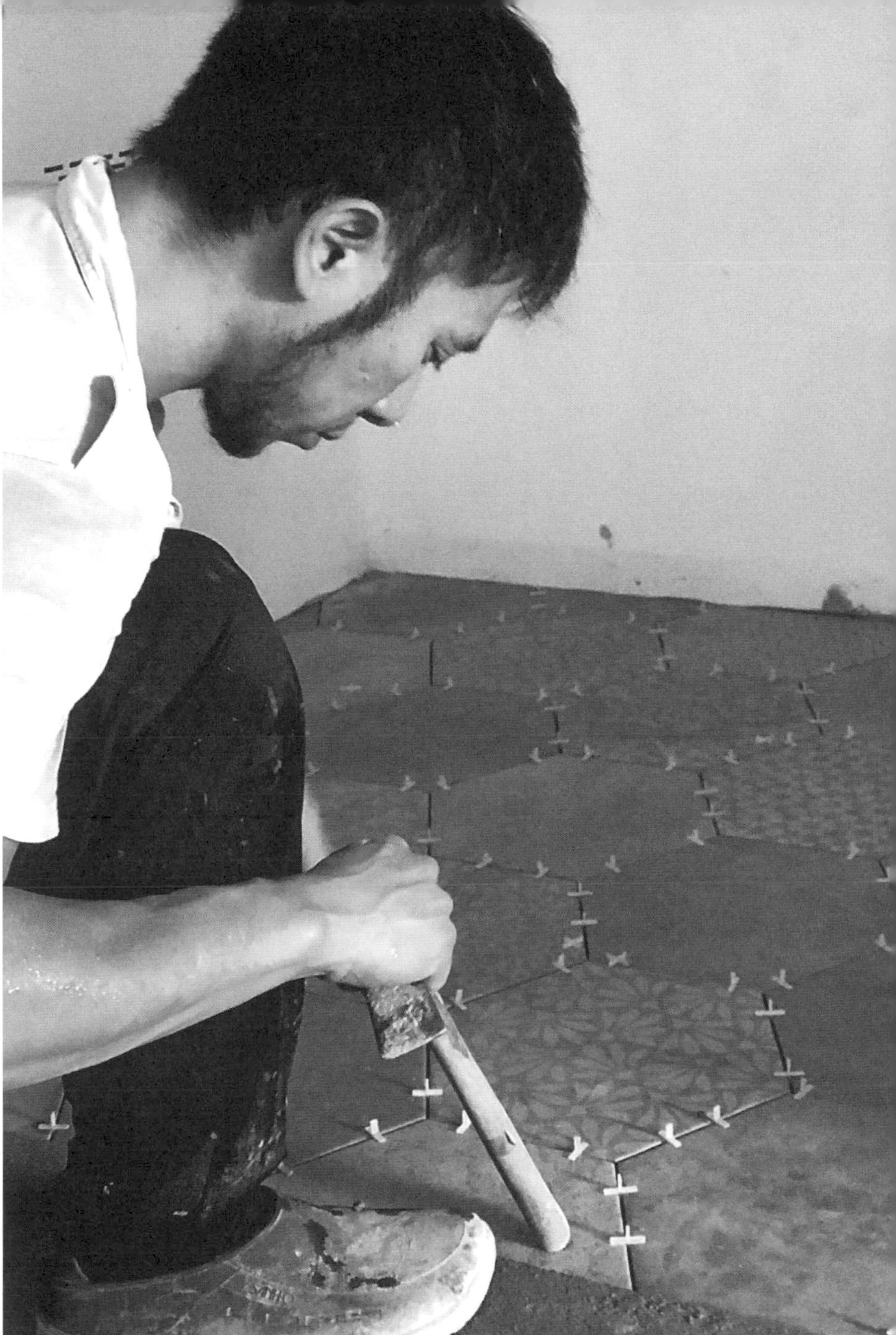

不藏私最帥氣

有些粉絲看到這些工序及流程，會去向設計公司或廠商詢問能不能做，我覺得這樣很好啊，客戶對泥作有基本的認識，溝通起來才會比較容易、比較快。

PHOTO／AnewChen

什麼？你問我怕不怕人偷學？難道不用藏私嗎？

拜託！材料想用得好一點，花錢就可以解決，而技藝則完全仰賴師傅的技術耶！假如泥作有這麼好學，還會缺工嗎？我們當了那麼久的學徒，可不是白幹的。

至於藏私，阿鴻是認為……泥作有什麼好藏的啦！讓業主了解施工細節、工序流程，業主就能對工程內容及品質更有信心、更信任我們，也比較不容易陷入低價、削價的惡性競爭中。這絕對是利多於弊的事情。

更何況，泥作技術本來就應該讓大家見識！泥作知識本來就充滿學問！泥作師傅本來就是個很帥的職業！

我們不要藏，應該要多多推廣、分享才對啊！

不藏私的土水師才是王道！

泥作的技術與價值應該被看見！

正向的循環

隨著施作的工程越來越多，我發現，會來找我的業主，幾乎都想做「好一點」或是「規格比較高」的東西。有些業主是做足了功課才來，在和我們溝通的時候，會特別指定要什麼、不要什麼。

我覺得業主知道自己想要什麼是好事，所以我會盡最大的力和業主溝通、搞清楚業主的需求，提出幾個不同的方案讓業主選擇。

但是後來，我卻發現這樣會造成我相當大的困擾。

因為如果讓業主自由選擇，業主往往都是想要「最便宜」但「做到最好」；這是人性，每個人都會這樣想，但這兩個條件大多時候是互相衝突的。

所以就會常常發生，業主想用A套餐的花生，來跟我交換B套餐頂級和牛的狀況。

撇除花生和頂級和牛的價錢不談，它們本身的外型、重量、烹調方式、保存期限就已經天差地遠了，要怎麼交換？就算我睜隻眼閉隻眼，心一橫交換了，之後如果在食用或保存上出了問題，這要算誰的責任？業主還是我的？

所以，後來我就是直接設定最高規格，一律都用頂級和牛，不讓業主選了啦！

制式保固多久就是多久，如果要延長保固時間，規格就必須更高，價格當然也會被提高。我會一一向業主說明這些細節，也會把承做的項目如實標明在估價單上，將案例分享給日後有同樣需求的屋主參考。

我覺得這樣的分享與溝通、討論，都是很好、很正向的循環，讓我很有成就感。

熱情永遠是原動力，現實往往是阻力

不諱言的是，我的報價比傳統泥作高。因為我一直在改良舊工法、更新舊工序，而這些無形中都會增加我的人事成本及材料費用。

因為時代在變，如今的泥作材料已經和從前不一樣了，我認為觀念應該也要變，有很多思考邏輯、工序工法已經不能再和從前相同了。

我運用新的概念，經過了一些實作和修正，反覆調校出新的工法，做出自己認為相當不錯的成品。

覺得很滿意的同時，我也歷經了相當的煎熬。

因為新的東西需要反覆試驗，過程中，這些工法不僅讓我更費工、更耗心力、更耗時，同時也會提高許多成本。

夜深人靜時，我會懷疑自己，想說我這樣做看得到成績嗎？大家能接受嗎？很多人都在削價競爭、承包工作，我反而逆向去增加成本、減少利潤，這樣真的好嗎？

而且，當我把這些新的方法提供在粉絲頁上，和大家分享討論的時候，也會收到一些批評指教、冷言冷語。有時候，也會讓我感到吃力不討好，有點無力，好像在討皮痛。

但是，我又問自己，如果我已經知道這是對的事，那我怎麼能假裝不知道，說服自己不要做？

土水師有土水師的責任，我的初衷始終都沒變。既然我連水泥都能扛了，沒道理扛不住壓力吧？

我還有熱情，還有動力！只要是對的，我就要堅持下去！

做工是件很帥的事，既然要帥，我就要帥到底！

當時薪 160 元調升 168 元，薪水調漲 5%；
當小吃 50 元漲到 60 元，漲了 20%。
請問大家日子怎麼過？我只能更努力地上工！
找個膠帶，把日薪貼起來，填上心目中那個理想的薪水。

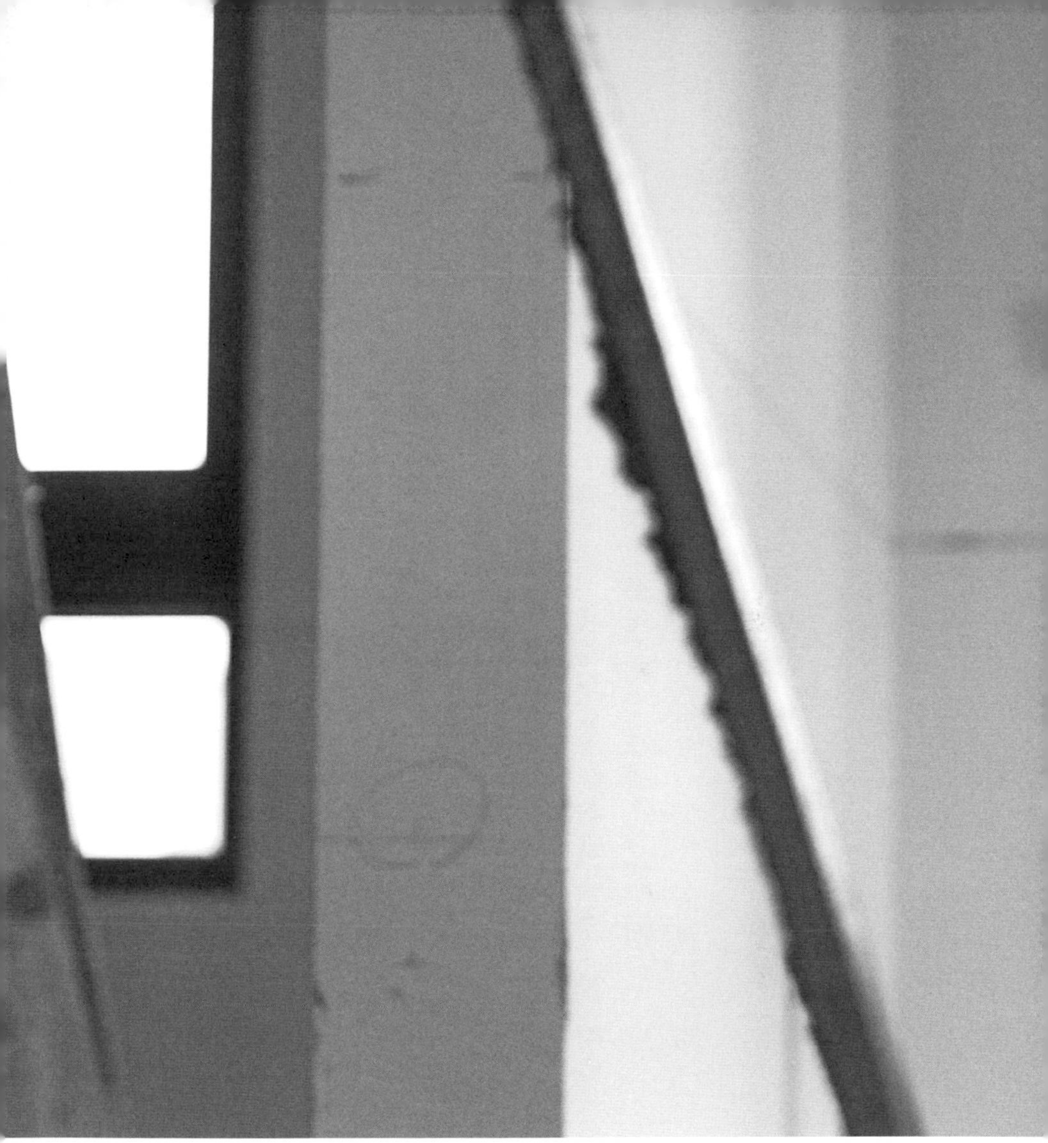

Chapter 3

尊嚴價值

窮？我扛！

我和阿爸相依為命。

我們的相處模式很像朋友、像兄弟。我們無話不談，只要一個眼神，就能知道彼此在想什麼。

做工的時候，我當學徒，阿爸當小工，我們兩個人騎一台小小的摩托車迪奧五十，穿梭在各個工地裡。

雖然阿爸沒辦法做太粗重的工作，但我抹牆的時候，一定要有人幫忙挖；因為有阿爸在旁邊做小工，我才有閒去跟師傅學功夫。就這點而言，我真的很感謝阿爸。

阿爸總是在我身旁，一邊喝酒，一邊做工。喝茫了，他話就變得很多，開始講一些語錄。

他說：「阿鴻，我們可以窮，但是不能窮志氣。」

他說：「阿鴻，要學功夫就要學到好，不要半吊子、半桶師。」

他說了有夠多，我滿腦子卻只擔心著：「慘了，等等阿爸喝醉，我要怎麼載他回家？」

收工後，他喝得茫茫的，坐在摩托車後座，東倒西歪，連自己的身體都撐不住。我光是握機車龍頭就握不穩，還得顧著別讓他掉下去，真是一個頭兩個大。更苦的是，只要路邊有警察，一定會把我攔下來。

「少年欸，你有喝嗎？」

「無啦，我阿爸喝成這樣，我怎麼可能還喝？」

警察看我年紀小，很無奈地揮揮手，放我走，其實我心裡比警察更無奈。

我與老爸曾經一起看著夕陽、喝著啤酒，
彼此心照不宣，
彼此惦惦欸、靜靜的……

所以我喜歡抬起頭看著陽光～
那刺眼的光芒、那眨眼的瞬間，
我是微笑的，哪怕眼眶含著淚！
那使我備感窩心！

藏不住的錢

阿爸是個很飄撇的男子漢，太飄撇了，讓我頭很痛。

他有些比較不好的習慣，比如抽菸、喝酒、吃檳榔、賭博，講不動，也勸不聽。他吃檳榔吃得很凶，常常自己買檳榔回來，身上背個S腰帶，一邊放仔，一邊放葉，隨時拿起拌一拌、和一和，就塞進嘴裡嚼，甚至連睡覺時，也要把檳榔含在嘴裡。

我和阿爸來到台北，開始做工之後，工錢都是領現金嘛！那時候年紀小，我沒有銀行帳戶，只能把現金放在家裡。

我擔心阿爸把錢拿去花天酒地，家裡要用錢時沒得用，所以就把這些錢藏在房間角落，時不時還會換地方藏。

有天我回家，想拿錢去繳家裡的開銷，沒想到把手伸到藏錢的地方，卻發現錢全不見了，連張鈔票都沒剩。

當下我很震驚，有種被背叛的感覺。我知道阿爸很聰明，一定是他來把錢撬走，拿去買酒、買菸、買檳榔、賭錢。

我很生氣，立刻衝進阿爸房間翻箱倒櫃，但錢都沒了！

我冷著臉，坐在家裡等他，心想等他回來，我一定要興師問罪，狠狠對他發一頓脾氣……我準備了很多很多要碎唸他的話，結果等到他喝得醉醺醺回來，我卻拿他沒轍，半句也說不出口。他渾身酒氣、神智不清，嘴裡胡亂嚷嚷著一些醉話、氣話，亂七八糟地訴說著古早的往事。

其實我哪裡不知道，他就是生活過得不如意，於是借酒澆愁，想靠酒精麻痺自己而已。我唸他有什麼用？更何況我想唸他的那些，有哪句他不明白？那些人生道理，他比我都清楚，我是小孩，難道他還需要我教？

我只能摸摸鼻子算了，趕快把他扛進房間裡，希望他趕快睡覺，他睡著就是對我最大的幫忙。

無聲的電視

有一次當兵放假，我打開家門，發現家裡一片漆黑，還以為沒人在家。沒想到當眼睛慢慢適應黑暗之後，卻看見阿爸躲在客廳角落，正看著「無聲」的電視。

「為什麼不開燈啊？啊電視是壞掉了哦？」我滿頭霧水，邊問邊走去開燈。阿爸立刻衝過來阻止我，可是慢了我一步。

電燈打開的那一瞬間，燈亮了，門鈴響了，而債主也上門了。幾個彪形大漢站在門口，面目猙獰地望著我，阿爸則又氣又絕望地瞪著我。

那一刻，我終於明白了為什麼阿爸不敢開燈、不敢開聲音了……我懂了，但已經來不及了，原來這就叫做「黑暗見不得光」。

為了應付那幾個彪形大漢，我摸遍每一個口袋，把所剩不多的鈔票和零錢拿出來，陪笑地、客氣地把這個月當兵的五千五百四十五元薪餉交給他們，懇求他們多給我一點時間。

好說歹說、好不容易，我滿面笑容地送走了他們，連一口氣都沒來得及喘，立刻抄起電話，問師傅工地有沒有缺人？明天可不可以讓我去打工？

聽到師傅說「可以」，我鬆了好大一口氣，根本沒空去抱怨難得的假期泡湯了。

有時候，我很氣阿爸，氣他每次喝酒都要喝到醉，給我添麻煩；氣他不斷捅婁子，出招給我接。每次好不容易攢了一點點積蓄，往往都因為他一些出格的行為，錢就不見了。

我每天都過得驚心動魄，夜深人靜時，也會覺得很辛苦，好像看不見未來，穩住阿爸簡直比扛水泥還累。

唯一一場沒醉的酒

可是，這樣的阿爸，卻做過一件讓我很感動的事情。

我結婚的時候，很擔心阿爸喝茫了，在婚禮上出洋相。因為他只要喝酒，就一定會喝醉，然後不分青紅皂白地抓著人講古。我實在很怕他在賓客面前出糗，給我岳父、岳母留下不好的印象。

但我是獨子，結婚是喜事，要他不喝酒好像說不過去，我看著他興高采烈的模樣，真的不敢講。

婚禮前，我偷偷地、提心吊膽地看了他幾眼。他突然抬起頭來，笑著對我點點頭，眼睛亮亮的，好像在跟我說：「放心！沒問題！阿爸絕對不會讓你丟臉！」

我有點怕怕的，想說是不是我自作多情，誤會了阿爸的意思。阿爸真的知道我想表達什麼嗎？他真的聽得進去嗎？要他別喝醉？甘有可能？

沒想到，從婚禮開始到結束，他拿著酒杯，眉開眼笑地和一個又一個的賓客敬酒，全程保持清醒、講話有條有理，還有人跑來向我稱讚他很帥。

那一瞬間，我真的感到很欣慰、很驕傲！

這是自我有記憶以來，阿爸唯一一場沒有喝醉的酒！

一直到這時才領悟，原來阿爸一直都看得懂我的眼神，一直都明白我每句想說卻沒有說出口的話！他雖然有些改不掉的壞習慣，但他真的很愛我，更是我唯一的阿爸！

後來，雖然阿爸過世了，但阿爸說的話，我始終都有記在心裡。

「阿鴻，我們可以窮，但是不能窮志氣。」

「阿鴻，要學功夫就要學到好，不要半吊子、半桶師。」

阿爸，我都有在聽。

窮就窮，窮不可恥，可恥的是沒有面對的勇氣。

我窮，但我肯扛！

希望破滅、夢想幻滅，
一次次的破滅，讓我們一步步認識自己，
我們的人生不就也這樣走過來！
珍惜身邊的每個人、把握眼前的每件事～
認真快活地面對明天，就很屌了！

PHOTO／all by AnewChen

為家人打拚、遮風擋雨的決心絕對不輸人！

不只掙工，還要爭氣

每個農曆年前，我都會在心底偷偷盤算著：還能賺幾天工錢？

做工的我們，一年當中最怕的假期就是過年。雖然放假很輕鬆、很棒，但做工並不像其他行業，有固定的月薪或是年終獎金可以領，沒做就等於沒錢。

沒收入總是令人擔憂，而長假過後的工作在哪，更令人惶恐。所以每次只要想到過年，壓力就很大。

Jump Tempo

憨人想得卡簡單

關於過年，我有個印象很深刻的回憶，我和舅舅曾經遇過一個案場，屋主年齡大概接近五十歲。

屋主來現場看過好幾次，做的當下都「好好好、沒問題」，沒想到工程做完後，屋主卻開始雞蛋裡挑骨頭，不斷質疑磁磚是不是有哪裡不平、磁磚縫是不是哪裡有坑洞、水泥砂的比例是不是不對。

他無所不用其極地找問題、挑毛病，都是些很小很小的地方，好像想找出一千個傷心的理由。

那時候，我的經濟狀況還不太穩定，而尾款大概有三、四萬塊。這筆錢可能對很多人來說不算大，但對當時的我而言，真的是一筆很重要的錢。

後來和屋主談，屋主信誓旦旦地說，只要我們把他說的小瑕疵修飾掉，就會支付尾款。我和舅舅當然立刻就去了，可是說實在的，整個案場看來看去，真的找不出什麼地方可以修繕，我們只能照屋主說的，盡全力做到最好，希望能符合他的期望。

但是，事情沒有我們憨人想得這麼簡單。

小年夜的時候，屋主傳了通簡訊給我們，說他對施工很不滿意，接下來會委任律師處理，當然，尾款就拿不到了。那次過年真的很心酸，我們不只沒拿到錢，工具都還放在現場。

我那時候很年輕，不知道為什麼會發生這種事，更不知道該怎麼辦。和舅舅討論過後，覺得多一事不如少一事，不如就認賠殺出吧，錢不要了，工具拿一拿，就算我們倒楣吧！

我們都討論好了，沒想到，到了業主那邊，對方卻堅持不開門，連讓我們進去拿工具都不肯。

沒有工具，是要怎麼做工？不付錢就算了，竟然連我們的生財工具都要扣，這不是打算把我們逼入絕境嗎？

當時真的又生氣又壓抑，滿腦子都是負面想法。

尾款明明是一開始就講好的，施工過程中也都很滿意啊，怎麼到了要付錢的時候，什麼都不滿意了？為什麼要這樣欺負我們？

那次過年真的很悽慘，我和舅舅後來決定找律師，和業主打官司，過程耗費將近一年。最後，對方敗訴了，把尾款和工具的代償金賠給我們，一共賠了七、八萬。

老實說，對方是有錢人，這七、八萬對他來說可能根本不痛不癢。而我們找律師，還浪費了一年時間，換算成金額，實際上是得不償失。但當時就是覺得，不想讓人家覺得我們做工的好欺負。

做人不可以這樣子。

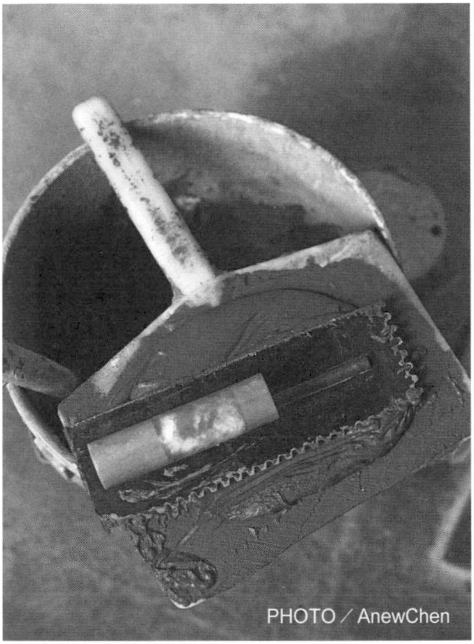
PHOTO／AnewChen

做工的我們，一年當中最怕的假期就是過年。
沒收入的長假，總是讓自己擔憂，
長假後的工作在哪，更是令人惶恐！
平常記得存雨來糧，才能安穩過好年。

好心被雷親

像這類工程糾紛，只要出來做工難免會遇到。應該說各行各業都有，畢竟一樣米養百樣人，每個人的認知都不同。

比如地板磁磚，曾經有屋主家的地磚被做壞，找我重做；因為已經有積水，必須敲掉、排水。我勘察過案場後，向屋主報價，屋主付了訂金之後，我們就開始動工。但是做完後，屋主卻跑來爭論，說之前的師傅才多少錢，我們報價高太多，足足是別人的一倍。

那我就很納悶，不是被做壞，所以才來找我嗎？那我整個拆掉重做，當然是多一倍啊。而且，我明白翻修遇到積水的狀況，真的很倒楣、很令人困擾，所以一心想趕快弄好，好讓屋主能夠趕快住進去。明明只收材料費而已，修繕費用已經都沒收了，怎麼還「好心被雷親」？

錢固然很重要沒錯，但對我來說，最難過的是那種不被信任的感覺。

屋主認為他付了一百元，就要得到一百元的價值，但我自認已經做到兩百元的價值了，這就是認知上的落差。

每個屋主、案場就像是驚喜包，各式各樣的都有，好的很好，不好的很壞。

留好名聲給人探聽

其實我們做工，當然都想把每個案子做到最好，每個細節都調整到最完美。我們是服務業，靠的是技術和口碑，要「留好名聲給人探聽」。

但是有些業主真的很喜歡殺價，而且不是殺一刀而已，是三刀。報價一刀，細項一刀，做完再一刀。

這對每位師傅來說，都是重傷。明明一開始都講好的，到最後都反悔；而屋主也會反咬一口，說師傅偷工減料。

沒有一個固定的檢視標準及流程，對屋主和師傅雙方都非常不利。

吃過幾次虧之後，我們學乖了，現在就是盡量在施工前白紙黑字寫清楚，用合約來規範。

PHOTO／all by AnewChen

進場前先估價，把估價的內容、細項和施工金額一一寫明，請屋主確認後簽名，我們再簽名回覆。合約一式兩份，彼此都有一份施工的依據和內容，保障彼此。

另外，為了減少惡意砍價及扣款的事件發生，我們現在的收費原則就是「不二價」；不論設計公司、統包公司或屋主，誰來詢價都一樣。

因為有些人會換不同的身分，來粉絲頁敲磚問價，弄到後來，我都搞不清楚這些人到底誰是誰了。

我只是個水泥工，只想踏實過日子，哪有心思再去搞這些有的沒的？要是每次詢價都像諜對諜、做賊仔，你防我、我防你，那多累啊！

你把房子交給我，我就給你弄到好。我想信任客戶，也希望客戶信任我，所以我不二價，我把自己的東西很陽光、很透明地攤開在市場上。

如果一開始就沒辦法信任、只想砍價，那我寧願不要做。

但不管再怎麼避免，偶爾還是會遇到惡意扣款、出爾反爾等等層出不窮的狀況，真的遇到了也沒辦法，只能摸摸鼻子，以後不要再幫他們做，當作學一次教訓。

所以，我常常在粉絲頁上呼籲大家：如果預算實在有限，必須殺價的話，那要殺在商品上，比如本來想買五百的材料，改成買三百的，絕對不能殺價在師傅的技術上。

師傅的技術是硬底子，也是工程的根本，即使材料再好，還是得靠技術才撐得住。一個房子起碼要住幾十年，你現在都殺到師傅都快活不下去了，以後還有誰能幫你修？

人與人之間的信任是無價的，我們的技術更是！

我們做工的不只掙工，還爭（掙）氣！

靠自己卡實在

好多年前，打工的時薪是八十元，現在則是一百七十六元，看似漲了好幾倍，實際上卻不是這樣。

打個比方來說，當時薪從一百六十元調升成一百六十八元，漲了百分之五的時候，便當卻已經從五十元漲到六十元，漲了百分之二十。百分之五怎麼追得上百分之二十？薪水調漲的速度遠遠跟不上通貨膨脹的速度。

賺錢很難，花錢卻很簡單；錢越來越薄，痛苦指數越來越高。

這種時候，日子要怎麼過？

如果不想點「小撇步」來賺錢，過生活是很不容易的。

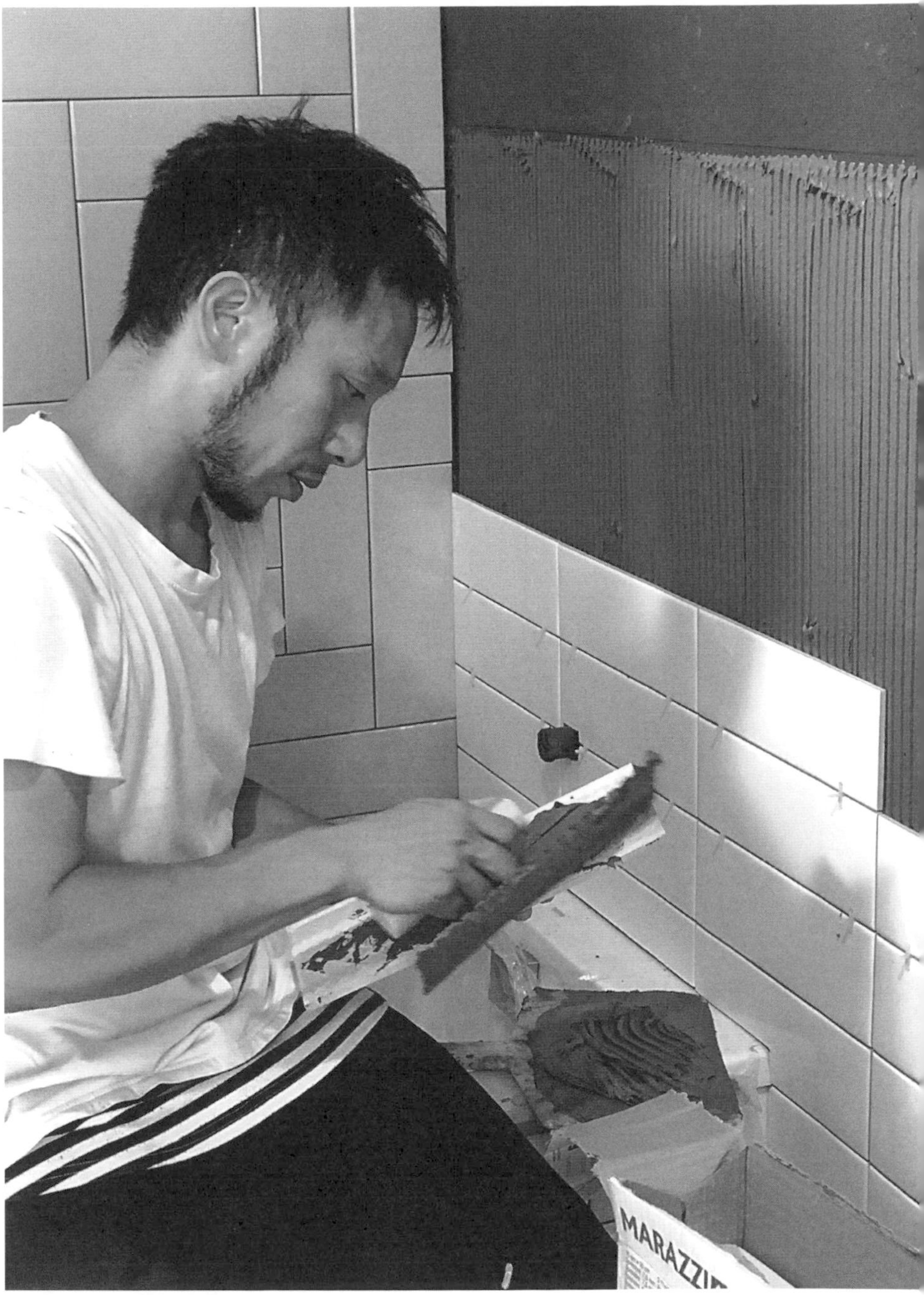
MARAZZI

撿回收超帥！

還記得當學徒的時候，我一天的工資是八百元。我很精打細算、很省，每天的早餐扣打只有二十五元。

當時我有個賺錢的小撇步，那就是——撿回收。

因為我們是做民宅翻修，工程大多是從「拆除」開始做起。在拆除的過程中，工地會產生很多垃圾，比如廢五金、保麗龍、廢紙等等。

師傅們不會花時間整理這些垃圾去變賣，所以阿鴻上場的時刻就到了！

我會利用空閒時間，把能回收的、能賣的，先撿到旁邊，再利用師傅們休息，或是午餐、午睡、下班的零碎時間，默默地整理、分類。最後再把它們統統裝進米袋裡，騎車載去資源回收場賣。

這些垃圾看似沒什麼，變賣的金額也有限，還得犧牲我的午休時間，但我超開心的，樂此不疲！

因為這是「無本的生意」，怎麼撿都是賺。更何況我賣了十五元、二十元，隔天早餐的草莓吐司切邊、奶茶……就有著落了。

只要多花一點點時間，就能多一點點收入，多划算！

撿回收不可恥，撿回收超帥的！撿回收能讓我賺到很多早餐店的奶茶。

這種知足的小確幸，讓我更懂得珍惜。我超級喜歡！

PHOTO／AnewChen

蓋房的買不起房

十八年前，做工日薪三千元，我咬緊牙關，努力掙錢，千辛萬苦才貸款買了一間老公寓。然而現在房市的漲幅已經遠遠超過我的想像，房價不止翻了一倍又一倍，但無論是學徒或師傅，工資都沒有翻倍。

上工時間一樣，工作內容一樣，薪水一樣，大環境卻已經把我們狠狠甩在身後，遠得我們連車尾燈都看不到。

以前「一桶金」是指一百萬，在媒體上，也常能看見「百萬富翁」、「百萬名車」的說法，每個感覺都超威、超酷。

那現在呢？一百萬能買房嗎？在比較熱門的地段，恐怕連間廁所都買不起。

今時今日，大環境如此，我們還能怎麼辦？

我只能盡量少買外食，盡量克制物欲，盡量減少消費……接著再更努力地上工！

我會找個膠帶，把自己的日薪貼起來，然後填上心中那個理想的薪水，全神貫注地往前衝！相信自己一定能辦到！

我想和所有在奮鬥中的你我說：「努力提升自己的價值，替自己創造更好的價格！」

物價不斷飛升，我們唯一能做的，就是督促自己穩紮穩打、鞏固自己的技術與能力、提升自己的競爭力；開源節流，才能讓生活過得更好、更穩定！

不要小看任何一筆小錢，更不要小看自己！

靠自己賺卡實在啦！

沒有人天生就喜歡泥作，阿鴻也不例外，
滿手的乾裂……在夜深人靜時抽痛著；
渾身的泥灰……怎麼樣也清不乾淨；
笨重的水泥……就扛在汗涔涔的背上。

我們都沒那麼偉大，
只想平凡認分地生活，
做自己想做的事、說自己想說的話，就夠了。

目屎含飯吞

從學徒成為師傅，再到現在稍微有了一點點成績，這一路走來，趣味的時光有，辛酸的往事也有，而且還不少。

我的性格比較叛逆、比較不認輸，所以我不喜歡糾結在無法改變的事情上，從小就不輕易落淚。

即使想哭，我也會逼自己抬起頭來深呼吸，往上看、往前看，逼自己不要想那些痛苦的事情，不要沮喪，不要覺得艱苦。

管他三七二十一，反正咬緊牙關，撐過去就對了！

PHOTO／AnewChen

帳單比水泥更重

講是這樣講，那有沒有快要撐不下去的時候？有！怎麼可能沒有？說沒有都是騙人的。

我相信一定有人一輩子平步青雲、沒吃過苦，不過那絕對不會是我們「做工欸」。

就拿我來說吧！我和阿爸相依為命，父子倆都在工地打滾。開始做工的時候，我年紀很小，懵懵懂懂的，根本不會為自己做打算，更不明白要為往後的人生做安排，只知道日子過一天算一天。當兵前，那時候還沒有健保，退伍後，我也傻傻的，不知道要加保。

而阿爸是三十八、三十九歲的時候才有我這個兒子的，所以當我快三十歲、自己出來接案的時候，阿爸已經在工地陸陸續續做了十年左右的雜工。

做工是體力活，阿爸年紀大了，做著做著，病痛就出來了。既然他身體不好，自然就不方便到工地去，大多時候，他都待在家裡養傷。

這種事情就是這樣，好的時候沒感覺，出事的時候，才知道麻煩大了。

阿爸生病之後，需要頻繁進出醫院，我才知道原來沒有健保是這麼恐怖的事。我們積欠了一大堆保費，更慘的是，積欠的保費遠遠比醫藥費便宜，繳保費一定比繳醫藥費划算。所以我只能趕緊把健保費繳完，才能放心帶阿爸去看醫生。

我到健保局辦理分期還款的手續，健保局人員幫我把積欠的保費分成好多期，我和阿爸兩個人，每個月各繳一張。

那些帳單厚厚一疊，攤開來跟手風琴一樣，明明是紙，我拿在手上，卻覺得比水泥更重。

荒唐少年

說起來也很慚愧，這不是我第一次辦分期了。

我年輕的時候不懂事，日子過得很荒唐，什麼騎車不戴安全帽啊、闖紅燈、違規等等，一堆罰單都沒繳，那沒繳就是罰雙倍。

以前我都和阿爸騎同一台摩托車，兩人雙貼去工地。有次工地在山上，我們的小五十上不去，不得不跑去向我岳父借車。

但這樣一直向岳父借車也不是辦法，於是我就動了買台新摩托車的念頭。

「頭家，我要買歐兜賣！」

我興沖沖跑到摩托車行，頭家眉開眼笑地來招呼我，沒想到我車子都選好了，最後卻卡關了。

因為我全身都是逾期未繳的罰單，總額加一加起碼要好幾萬。如果要買新車，一定得先把這些罰單繳完。最後，我只好買二手車，辦分期。這也分期、那也分期，這期帳單繳完，還有下期、下下期……好像怎麼繳都看不見盡頭。

我常常想，可惜「阿鴻」不能「分期」，要是我有分身的話，就能多接幾個工作，多賺點錢了。

孤單得只剩下酒

有段時間，阿爸開刀，住院三個月，我請一位看護到醫院照顧阿爸。看護的工作時間是十二小時，所以工地收工之後，我就到醫院和看護換班、輪流照顧。那整整三個月，我都沒回過家。

我成家得早，當時已經娶某，生了女兒和兒子；女兒正好是上幼稚園的年紀，兒子早產、又皮，很難照顧。我太太一個人在家帶兩個小孩，還要張羅家事，狀況很多。

太太不好過，我也很艱苦。

我的薪水要養活全家，老婆、小孩、醫藥費、看護費、學費、房貸……好幾次銀行打電話來通知我，說帳戶沒錢可扣款。只要接到銀行電話，我頭殼就抱著燒，壓力很大、心裡很苦，就算有目屎，也只能含飯吞落去，吃飽才有力氣去攢錢。

但是，當我們日子過得這麼苦的時候，阿爸他還是很「皮」、很「飄撇」。

明明他人都已經口腔癌了，開刀、化療，吃了很多苦，偏偏還學不乖，偷偷拿著我給他的「所費」去買米酒！

他嘴巴明明張不開，不能直接就口喝水了，為了喝酒，他居然直接把吸管插進酒瓶裡，照喝不誤！

我真的很氣他，我太太也曾經因為這件事而感到不愉快，很不諒解我為什麼還要給阿爸零用錢。既然阿爸這麼不愛惜身體，都已經自暴自棄了，為什麼我們還要救他？

家裡兩個孩子都還這麼小，我們根本泥菩薩過江、自身難保了，怎麼拉得住阿爸？

聽太太這樣講，其實我心很痛，我明白她的煩惱，也明白她說的是對的。身為孩子的媽媽、我的牽手，她捨不得孩子吃苦，更捨不得我艱苦。她是真的很愛我們，更是真心為了這個家好。

但是，小的要顧，老的我也捨不得放。

我只好告訴太太，如果要放棄阿爸的話，我十五歲時就放棄了，不會等到現在。

當年，阿爸帶著我跑路上台北，為了躲債、還債，我們相依為命，一路在工地熬到現在，一起度過很多艱辛的日子。如今阿爸生病了，難道我能丟下他不管？

而且，阿爸雖然自己討皮痛，生病了還去買酒喝。但他自從生病，沒辦法到工地去之後，他就躲在家裡，盡量不出來跟我們互動。就算找他一起出來玩、看孫，他總是有各式各樣的理由推託。

阿爸沒有說，但我知道他在想什麼。他是覺得自己拖累我們了。

他把自己關在家裡，孤單得只剩下酒。

我很氣他，但我也很心疼、很不甘。

人生很難，沒錯～
但是關關難過，關關過！

吃飽才有力氣再戰

那段時間，水泥是黑白的，日子是黑白的，我也是黑白的。我好像陷在砂漿裡，無論再怎麼努力，卻連隻腿都拔不出來。

騎車的時候，前面的路總是看似很長很長，長得我看不到盡頭，不知道走到底會是什麼，也不知道自己究竟走不走得出去。

生活、債務，像個巨大的輪子，只要停下來，只要回頭，就會被毫不留情地輾過去。

我不知道前面等著我的會是什麼，但我知道我不想輸！
我要撐住我的家，所以我要不顧一切往前衝！
衝過去！拚過去！扛過去！

於是我握緊手中的鏝刀，拚命往前跑，拚命告訴自己：

「阿鴻，不要怕，你可以！你做得到！」

就算暫時看不見前面的路又怎樣？再糟，還能比現在更糟嗎？既然不會，那我又有什麼好怕的？

更何況，我手裡還有鏝刀，肩上還有水泥。只要我還能扛、只要我還能做、只要工地還需要我，我絕對能夠掙出一片天，殺出一條路！

流目屎不要緊，目屎含飯吞落去，吃飽才有力氣再戰！

我不認輸！我不倒下！

Running！Fighting！

「蹲著」，不是奢望能跳更高，

只希望我們都能穩穩地、踏實地存在著！

也許你認為我們必須仰著頭，看著別人的鼻孔，

但其實，我們看到的是背後的那片天。

Chapter 4

信念傳承

誰叫我是水泥工！

你穿過長筒的橡膠雨鞋嗎？

它是種不舒適、不透氣、不好穿、硬邦邦，而且很便宜的鞋子。

第一次穿上它時，我心想：天啊！這也太難穿了吧！鞋底超硬、超薄、超冰……重點是，還超醜！

當時，我最喜歡的球鞋出了十一代，不只超貴，而且還超搶手！買不起也搶不到的我，異想天開，興沖沖地將腳上的塑膠鞋畫成十一代的樣子。年輕嘛，胡搞瞎搞是很合理的。

結果，當天上工，我興奮地穿著「山寨十一代」跑來跑去，一下踩泥砂，一下踩汙水。沒多久，「山寨十一代」興奮到模糊，圖案磨光、磨花了，立刻變成「阿鴻一代」，被迫退休了。

接下來的做工日子裡，隨著我的體力越來越好，腳底板磨練得越來越堅強，膠鞋也變得越來越好穿，穿得越來越習慣，已經不能沒有它了。

我這才意識到，不管是髒的、亂的、美的膠鞋，都別具風格。

膠鞋是我們做工的人必備的基本配件，是我們泥作產業的辨識標籤，更象徵著我們「土水人」的勇悍耐操的精神。

膠鞋之於土水師，就像是白袍之於醫生、圍裙之於廚師、手套之於修車廠技師；是我們熱血的勛章、堅定不搖的信念！

由膠鞋踏入的水泥人生

彷彿注定般的，從穿上膠鞋的那刻起，水泥就改變了我的一生。

以前讀書的時候，我從來都沒想過自己有一天會成為土水師傅。

在工地做工時，明知和學生生活已經毫無瓜葛了，但只要看到外頭有和我差不多年紀的人穿制服走過去，心裡仍然不免有點感慨，總會想起以前在學校時的日子。

我會想起，那時候讀書，看著老師在講台上講課，我在台下胡思亂想，想著自己長大後，出社會要好好工作、好好賺錢，卻不知道，原來工作這麼辛苦、賺錢這麼累。

當時沒有很具體地思考過，以後會從事什麼行業，或許會當上班族之類的，但更沒有想過，有一天會跑來做工。

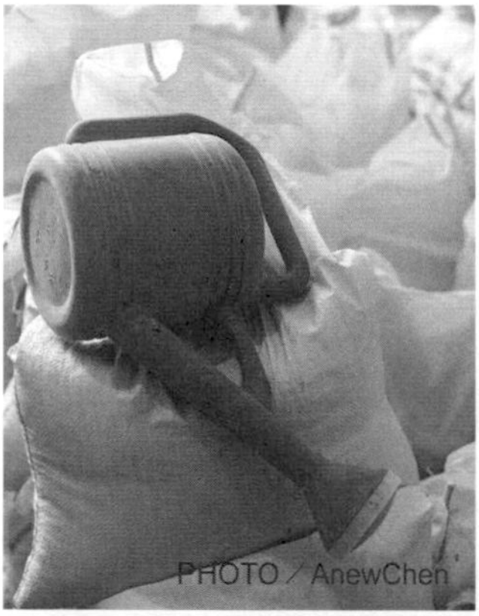
PHOTO／AnewChen

品牌水泥

266
65

日復一日地搬水泥、扛重物之後，突然意識到自己可能長不高了，有時候也會想，說不定我本來可以長到一百八十公分的，蹲著扛著跪著，那幾十公分就消失了。

誰知道呢？唯一能肯定的是，想再多都是了然，想這些又有什麼用？

「阿鴻，緊來！」

耳邊是師傅喊我的聲音，眼前是一袋又一袋等著我扛的水泥。

我小跑步跑起來，腳底是膠鞋踏在泥砂上、噠噠噠踩在工地裡的聲音，很踏實、很MAN、很好聽！

過去的都已經過去了，我只有現在和未來。光是活在當下就已經夠不容易了，哪有時間唉聲嘆氣？

阿鴻，跑起來！不要回頭！你可以！

也曾面臨交岔路口

做工最大的好處之一，是薪水用日薪來計算，最大的壞處之一，也是薪水以日薪來計算。現做現領感覺很棒，但有做才有錢，是很現實的。

像我經濟壓力比較大，尤其後來阿爸身體不好、生病。我要養家，付醫藥費、看護費、房貸、生活費、小孩的教育費……那時候有算過，我一個月至少要上二十天正班，收入和開銷才打得平。

然而金融風暴、SARS那段時間，大環境不好，對我們裝修產業產生很大的衝擊。你想嘛，只要大家手頭沒有闊綽的錢，自然就不會想買房子，或是翻修、裝潢。

在這樣的情況下，泥作工作量減少很多，假設原本一個月能工作二十天，那段時間卻下降到只有十天左右，收入立刻少一半。

我很想賺錢，卻賺不到，要怎麼養家活口？

那段時間真的很苦，睜開眼睛的第一個念頭，都是要怎麼「找錢」。

我每天都在想哪裡有班可以上，這邊三天、那邊五天，拼拼湊湊，如果湊不到二十天，就到處打電話，問問看哪個工地有缺人，拜託人家讓我去做工。

既然做工賺的錢不夠、不穩定，那我勢必要找一些賺錢機會，來應付生活所需。

我曾經去搬家公司，當過一天搬家工人，搬了整整二十四小時，五趟，賺了四千五百元。我還記得那是從基隆搬到中和，一共搬了五車。

我雖然能搬五十公斤的水泥，但身高不高，而冰箱、衣櫥等家具的體積都很龐大，隨便一項都比我高大，我實在做得很勉強，應付得很吃力。那時候，我才意識到，自己可能不是當搬家工人的料。

後來，還曾經和太太在夜市擺攤賣衣服，這段擺攤的時間很短，成效也不怎樣。其實，說穿了，都只是為了賺錢，想空想縫，什麼方法都試試看。

幸好，經歷這段過渡期之後，時機終於變得比較好，泥作的工作量比較穩定了，我當然是毫無懸念地跑回來，繼續當水泥工，而這一做就是三十年。

PHOTO／AnewChen

以前吃的苦，
會是未來人生旅程的養分，

當初流的淚，
早灌溉在往後的生涯規劃！

別怕努力不被看見～
告訴自己，咬著牙撐下去！

跨領域的泥作翻轉

近年來，在因緣際會之下，我開始嘗試用水泥創作，彷彿找回學生時期的樂趣；工作之餘，也有些機關或學校會找我去演講。

就像當初從沒想過會成為水泥工一樣，如今的我更沒想過，有天我會因為水泥工的身分，而成為講師、手作老師。

做工時，我回想起學生時代坐在講台下的我，偶爾感到惆悵與遺憾；卻萬萬沒想到，我這麼傻傻地做工，做著做著，有天卻走到講台上，成為老師。

人的際遇有時候就是這樣，剛開始要走哪條路，可能有點身不由己，不是自己所能決定的。但是，把這條路走成什麼樣子，就是自己能夠掌握的。

就像我，踏入工地之後，我原以為「水泥」凝固了我的人生，這輩子應該定型了。可是我卻發現，「水泥」固化的是我的意志，堅強的是我的內心。

我的人生因水泥有了無限的可能。

水泥的樸實、經典，以及剛中帶柔的特性，拓展了我的視野，形塑出我的道路。

就像我很喜歡的一句話：

「值得尊敬的，不是你做什麼，而是你把什麼，做到值得尊敬！」

我翻轉著泥塊，建構著自己的人生，誰叫我是水泥工！

如果有一天，我回到過去，遇見十五歲的我，我一定會拉著他的手，告訴他：「少年欸，不要怕，好好做、繼續做，我會在前面等你。」

抱起來的是夢想，扛起來的是人生。
我們用不同的力道來驗證未來。

以前老師都有教：
「想要收穫就必須耕耘。
但是，付出不一定有收穫～
你能堅持下去、耕耘到底嗎？」
大家加油～
敬各行各業默默耕耘的人！

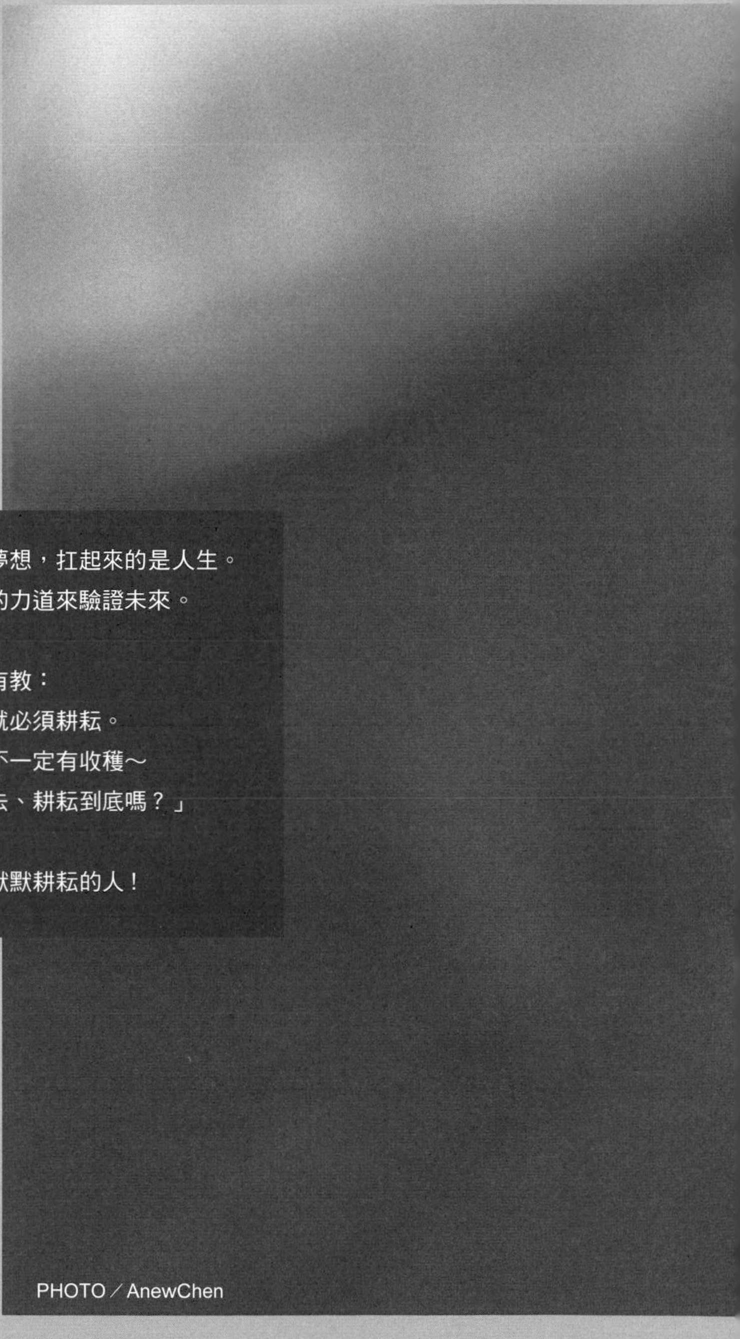

PHOTO／AnewChen

蹲著跳更高

我有兩個小孩，一個兒子、一個女兒，剛好能夠寫成一個「好」字。

他們嬰兒時期一定對我這個阿爸感覺很陌生，因為他們還在睡覺的時候，我就已經出門上工；等我回家時，他們已經進入夢鄉。

我每天忙得焦頭爛額，根本沒空陪伴他們。等到他們大了一點，假日要趕工時，我就把他們帶去工地上工。

他們從小跟著我，在工地玩沙、在紙板上午睡，坐在工程車後車廂的工具箱上。

雖然工地環境很髒亂，但他們的眼神總是亮晶晶的，對每樣東西都充滿好奇，偶爾還會伸出手，東摸摸西摸摸。

有時候，看著他們這麼天真古錐的模樣，我會很遺憾沒能讓他們含著金湯匙出生。

別人有金湯匙，他們阿爸手裡拿著的卻是木柄沙鏟；別人吃的是山珍海味，他們卻只能跟著阿爸吃稀飯配醬油。別人的爸爸開跑車、穿西裝；他們的阿爸手裡拿鏝刀、腳上穿膠鞋。

別人的小孩是富二代，他們卻是「工二代」。

工二代

「工二代」跟著我在工地打滾可不是白混的，現在長大了，扛得動水泥，會來工地分擔粗重的工作活。

學校沒課的時候，我會問他們要不要來工地「騙工錢」，他們總是一口答應，即使弄得全身髒兮兮的也不怕。

我常常笑他們，真不愧是「做工欸」的小孩，為了賺零用錢，再苦都肯扛。

有時候，別人看小孩跟著我一起在工地做工，還以為我們是泥作家族事業，頻頻稱讚我們很厲害，有人還會問我該怎麼教小孩，該怎麼讓小孩願意吃苦。

其實我哪知道該怎麼教小孩？小孩讀的書都比我還多了，說不定我想教他們，還會被他們「電」到惦惦咧！

我的想法很單純啦！我是想，既然沒辦法給孩子養尊處優的環境，那就只能務實一點，踏實地蹲在工地裡，帥氣地做工給他們看，以身作則，至少培養出他們一點吃苦的能力，讓他們明白賺錢不容易。

有很多人會問他們：「將來要讀什麼學校？打算學什麼科系？」

但我只會問他們：「你們學會了什麼？專長是什麼？知道自己的興趣是什麼嗎？」

每個人都期望他們能找份「好」工作，而我只希望他們能工作得「好好的」。

我不奢望他們能幹大事，只期望他們能打理好自己的每件小事。

我只要在旁邊默默地觀察、陪伴，跟著他們一起探索世界、一起成長就好。不主導、不介入、不過度干涉，不設限他們的人生，讓他們學會為自己的每一個決定負責。

像前陣子，我女兒在學畫室內設計圖，我一方面很開心他學會了新技能，一方面又想：這下害啊！他將來出師，不就變成我老闆？

安餒甘丟？

這輩子就值了

兩個孩子年紀已經不小了，一個二十歲，一個十七歲。不要看我們現在感情很好，其實他們還小的時候，對我這個阿爸的工人身分也是有點抗拒。

他們沒講，但我都看在眼底，常常回想起來，也是會對他們覺得很心疼、很捨不得。

像我用工程車載他們上學，就是貨車啦，只能讓他們坐在後座。他們就是坐在工具箱、工作用的桶子上。想當然耳，那個桶子每天在工地拿進拿出的，一定很髒。

他們下車的時候，車門總是開一道很窄很窄的縫，剛好容得下身體側身過去。我知道，他們這樣小心翼翼的，是深怕被同學看見自己搭貨車來上學。

可是，他們下車的時候，因為坐在工作桶上的緣故，褲子早就髒了。即使當下沒被同學看見，進教室後可能也會被同學取笑。

我想，只要是小朋友，一定都會這樣經歷排斥和抗拒的階段，就連我小時候，也曾有過這段對家人不諒解的時間。一直到再更懂事了一點，他們才變得比較不在意同儕的眼光，比較習慣我在工地的角色，應該說是不得不接受了啦！

到後來，我在粉絲頁稍微做出了一點點成績，有了一點點名氣之後，兒子的同學竟然在寫作文〈我的志願〉的時候，說自己想當「泥作阿鴻」。

我到現在想起這件事還是覺得很不可思議、很有趣。

我想，如果有一天，能夠讓小孩以我為榮，或是能夠成為他們的驕傲，我這輩子就值了！

泥作無極限、用心就無限！

背後的天空

坦白講，我會帶小孩到工地上工，其實是出於不得已，很無奈。

因為泥作的工作型態比較不穩定，有時候工班彼此間配合不來，或是時機比較差，工作往往有一天沒一天的，比較難留住固定的師傅和學徒。

那當時機好的時候，每個師傅的檔期都滿滿滿，就會發生捧著錢也找不到師傅的狀況。

還有一種情形是，偶爾會遇到很難搞的施工案場，沒利潤賺就算了，甚至有可能虧錢……那我總不能要求師傅們共體時艱、不計酬勞吧？師傅們也要養家活口啊！

這時候，我偉大的家人們就要出動了！

老婆不只要包辦家務大小事，還要任勞任怨地到工地來幫我，小孩們還得推掉同學的假日邀約，陪著我灰頭土臉地趕工。

沒有人願意一生貧窮、日子難過，那既然我們是小人物、小螺絲釘，就把自己的本分做好，一家人同心協力，靠自己的雙手，打造美好的生活願景。

孩子們從小看我做工，心裡比誰都清楚，雖然他們阿爸的衣服上有鹽粒，身體上有灰塵和汗臭，模樣很狼狽，但他們的阿爸絕對耕耘得比任何人都勤勞；為家人打拚、遮風擋雨的決心更是絕對不輸人！

做工就做工吧！蹲著又怎樣？我帶孩子們從小蹲著，只要能夠踏實的存在著，也許有天他們能跳得比我更高！

也許別人認為我們必須仰著頭，看著別人的鼻孔，但其實，我們看到的是背後的那片天。很遼闊、很美！

泥作家族企業，聽起來好像很厲害。

其實…
因為是家人，才能不離不棄！
因為是自家人，掌握度比較高！
因為是自家人，才會不計較！

我們是小小人物，
但與家人共創出大大的生活願景。
沒有人願意一生貧窮、難過，
只有一起努力～讓自己內心強大著！

師傅，我想學泥作！

在粉絲頁和部落格，常常有人問我：「阿鴻，我想學泥作！要學多久？薪水多少？學這個有出路嗎？」

我大致講一下，泥作的工作內容基本上至少粗分為砌磚、砂漿打底、壁磚、地磚、抿石子。案場則分為武場和文場，武場是大場，起大樓那種建案；文場就是室內裝修。

無論文場、武場的工作內容都相同，只是武場的工作量很大，分工分得很細，可能砌磚要一個工班，抹牆要一個工班……光是貼地磚還要再分好幾個工班，各自負責不同工法的鋪貼，需要的人力很多。

像我是做民宅修繕的部分，不可能一個案子分好幾個工班，所以一個人必須學會所有的技能，具備獨立完工的能力。民宅的泥作師傅技藝要更精、更全面。

以現在這個時機，如果只學一兩項泥作技能，也可以出師、能賺錢，只是工資可能會比一般師傅稍微低一點。

該如何入門

做工沒有學歷要求，肯做就可以賺錢；想學泥作更簡單，只要肯吃苦就行。

水泥師傅有幾個養成期，大致分為：學徒、半技、師傅。大家入門都是從學徒開始做起。泥作這行非常缺人，在網路上求職、應徵學徒，絕對不難找到缺。

至於學徒的薪水，現在法定時薪是一百七十六元，每間公司願意付的薪水不同，只要自己能接受就好。

老實講，泥作真的很辛苦，我希望學徒時薪有兩百元，這樣一天做下來，從早上八點到下午五點，日薪有一千六百元。以週休二日來算，一個月至少能有三萬二的收入。

這樣看起來好像還不錯對不對？但實際上，這樣的條件，往往徵不到人。

我曾經分享過一個薪資試算表，應該說是方法啦！就是請學徒一進來做的時候，不要把自己當學徒，不要管學多久才能出師，先把自己定位成一個認真的員工。

認真的員工起薪三萬二，做滿三個月，我就調薪一千，這樣第一年做完，月薪就變成三萬六。接下來第二年四萬、第三年四萬四……持續做下來，拿到六萬時已經做了七年，這就差不多是師傅的薪水，出師了。

我覺得這是一個很好的方式，三個月薪水調漲一千，有固定的SOP，有明確的目標，這樣學徒才看得到未來。

不然日復一日做工，學徒很容易感到灰心。覺得師傅每天都叫我在工地搬水泥、攪泥沙、搬垃圾、跑腿，跑來跑去不知道終點在哪，不知道多久才能學功夫、才能出師，對未來很茫然，看不到希望。

泥作的缺工潮

很現實的是，即使我把學徒起薪調到三萬二，但跟時薪一百八十元的超商，或是能夠靠接單抽成的外送員相比，還是非常劣勢。

你想嘛，超商打工有勞健保，做工有嗎？沒有，除非自己去找職業工會加保。

再來，工地環境非常髒亂沒冷氣沒空調，每天要吸入的粉塵不少。便當有什麼吃什麼，沒得挑；午休時更是隨便拿塊紙板鋪在地上，就躺下睡覺了。更別提水泥一包五十公斤，可能都比女朋友重了，還要扛著跑上跑下，誰受得了？

很妙的是，台灣水泥一包五十公斤，國外一包才二十五公斤，門檻硬生生高出國外一倍，而這也拉高了我們找人的難度。

更慘的是，除了前面講的這些，我們做工的人社會地位低、觀感差，給人的印象普遍不好，那現在做得這麼辛苦，將來還要被人看沒有，誰要做？

雖然現在職校或職訓中心有泥作課程的教學，也有證照考試，看起來好像很不錯，感覺政府有在鼓勵大家學泥作。但每一位師傅或學徒的價值都要用勞力和成果來判斷，即使上過很多課，擁有很多證照，不適合職場、無法融入社會也是無用功。

所以，課程歸課程，證照歸證照，和工地實務完全是兩回事，沒有一個學校能培育泥作產業的新世代。

年輕人一進工地，都是一視同仁、從零開始。不管有多少證照，還是會被老闆叫去扛水泥、攪土、搬垃圾，一旦做錯事，還是會被老師傅電到臭頭。自尊心高一點的，隔天就不來了。

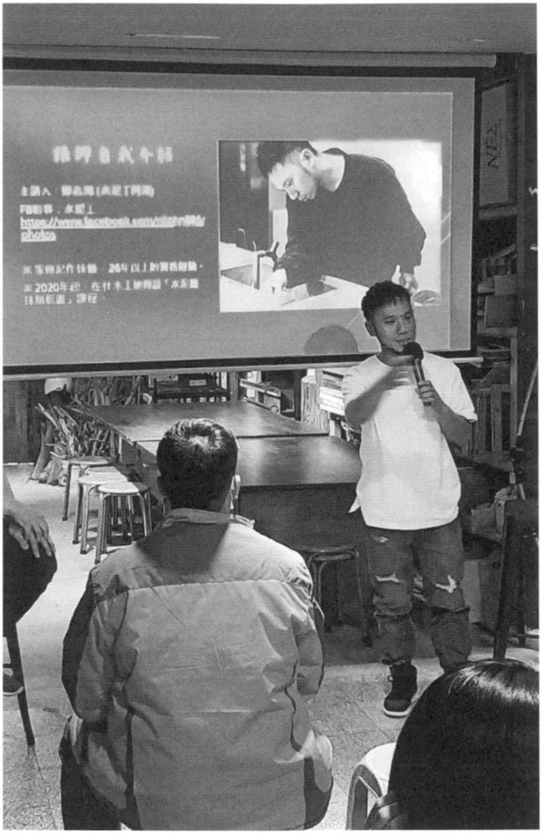

少子化、社會觀感、教育偏頗……在種種因素的影響下，缺工潮已經是持續好幾十年的現在進行式，要找人真的很難，找到合適的人更不容易。

是危機也是轉機

講了這麼多，泥作產業的新血越來越少，資深師傅年紀越來越大，那技術缺工的情形不是會越來越嚴重嗎？這樣還有前途嗎？現在來學泥作，會不會餓死？

來，阿鴻分析給你看，現在來學泥作，不只不會餓死，前景還會非常看好，充滿未來性及發展性。

怎麼說呢？因為無論是新成屋的建案，或舊屋翻新的工程，都有泥作裝修的剛性需求；而泥作技術需要手作經驗，完全無法被機械取代。

再過五年，資深的泥作師傅普遍超過六十至六十五歲，該退休的都退休得差不多了，但房子依然在蓋，民眾也始終會有舊屋翻新、裝潢的需要，嚴重的供需失衡已經是鐵錚錚的事實。

在這種情形下，好的師傅為了顧品質，一定不敢大量接案；而為了接案而趕工的師傅，品質一定禁不起考驗。

孰優孰劣，明眼人都看得出來，泥作師傅的專業、技術與良心就會在這時體現出價值。每個師傅都能成為自己的品牌，創造自己的口碑，有錢買不到。

泥作是戰場；如今的缺工是危機，是轉機，也是進場的好時機。技術的養成需要時間，需要找到有心的人，也需要耐心的修練。

只要願意扛水泥，只要吃得了苦，你的未來肯定會比我吃香，比我有價值！

你願意接受挑戰嗎？

有決心就來！

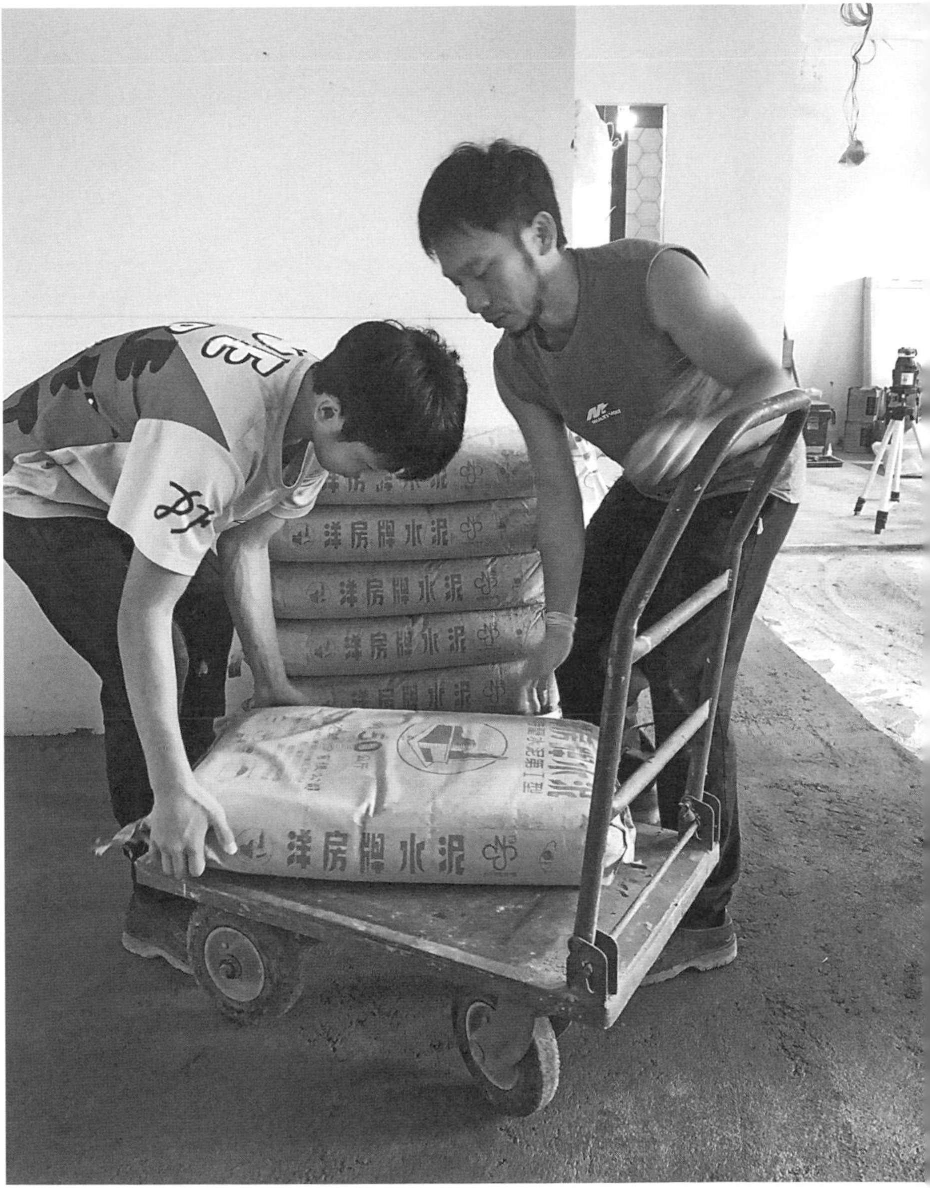
洋房牌水泥
洋房牌水泥
洋房牌水泥
洋房牌水泥
洋房牌水泥

生命中的貴人

每個人的生命裡都有幾個舉足輕重的貴人，當然我也不例外。

當年，阿爸帶著我上台北的時候，家裡的經濟狀況很吃緊。年紀那麼小的我，根本沒辦法順利找到工作，要不是有舅舅帶著我去工地、學泥作，我可能早就餓死了。

Xcontrol

影響最深的師傅

舅舅是我的師傅、貴人，同時也是第一個讓我感到「做工很帥」的人。

我跟舅舅學的是民宅翻修，也就是從拆除房屋開始，一路到完工，都由我們來施作。這整個「破壞重建」、「無中生有」的過程雖然不容易，但也特別有成就感。能夠掌握所有工序、施工節奏的舅舅總是讓我覺得很可靠、很帥氣；他在工地裡的背影非常穩固，彷彿能夠扛住一切，能夠撐起整間房子。

當學徒的時候，舅舅時常把我帶在身邊，我們之間的連結與感情很緊密。

直到現在，我有很多工作上的觀念與態度都來自於舅舅，比如「施工要先求品質，再求速度」，又比如「拿起了鏝刀，就要記住自己是土水師，要負起土水師的責任」，這些都是舅舅帶給我的人生禮物。

舅舅不只教會我「技術」，還教導我「態度」，這兩件事就好像泥作師傅的鏝刀和土盤，缺一不可。學會了，就能跟著一輩子。

學徒是師傅一步一腳印、手把手拉拔上來的，而學徒學會了功夫，終有一天會出師。

但是，由於工地缺工的緣故，學徒出師了，能夠自己出去接案、獨立了，師傅就等於少了左右手。工地粗工並不好找，師傅只好自己跳下來扛水泥、做粗活。

對師傅來說，那麼盡心盡力地把學徒教會，學徒出師了，最後卻跑了，反而累到自己。於是，學徒和師傅之間的關係，有時候就會變得滿微妙的。

師傅會切心，覺得學徒翅膀硬了，不飲水思源；但是對學徒來說，也會想早點獨立，多賺一點錢。

這是很難解的問題。

我後來自己出來做工，和舅舅也因此漸行漸遠，慢慢就沒往來了。如今想起舅舅，心裡總是滿遺憾的，很難過走到最後變成這樣。

前幾年還有念頭，想打電話給舅舅，找舅舅一起去喝酒聊天。然而一方面因為生活真的很忙碌，一方面可能有點……近鄉情怯吧，總之就是遲遲沒有打。

一直到現在，我偶爾還是會做夢，夢到和舅舅一起在工地做工、喝酒。

那段時光真的很難忘，是我人生中無可取代的時光，舅舅也是我人生中無可取代的貴人。我真的很感念舅舅。

我喜歡看見美美的畫面，
我喜歡聽見療癒的聲音，
我喜歡追求完美的作品。

我無法完成每一個人對我的要求，
我只做對自己的要求、對你的責任！

PHOTO／AnewChen

甘苦與共的家後

我認識我太太時，她還是學生，半工半讀，在戲院的售票口工作。我和朋友騎車經過，就跑去「虧」她、找她聊天，常常一站就是好幾個小時。

我身高不高、黑乾瘦、沒背景沒錢沒學歷。年輕時愛玩，還染了頭金髮，根本就是猴囡仔，套句現在的話說，就是「8＋9」啦。

跟我交往時，太太的表姊還曾經問她：「啊妳怎麼跟這種的在一起？」

不能怪她表姊，工人形象不好，又沒錢，就連我自己也常常笑她說，她是眼睛沒睜開才會選我。

我太太的性格很傳統、很乖，唯一一次的叛逆就是嫁給我。嫁給我之後，她生了兩個孩子，吃了很多苦。我們沒有後援，日子很難過，她卻沒有跑掉。工地缺工、趕工的時候，她甚至還會跳下來跟著我做工。

她一個乖乖的女孩子，書讀得比我多，家裡環境比我好，明明可以有別的選擇，偏偏不離不棄地，在工地跟著我，搞得全身髒兮兮，陪著我吃苦。

她從來沒有放棄我，沒有放棄我們這個家。

經濟不穩定的時候，我們要還債、付貸款、教育費等等，錢得省著用，我把錢全部交給她管。

很難熬的時候，我常常覺得自己被困在一條沒有盡頭的隧道裡，無論怎麼往前衝，好像都看不見光。

一直到有天，她突然告訴我，我們的銀行帳戶裡有三萬元。我才知道，原來在日子那麼困難的時候，她竟然還能每個月擠出一千元、兩千元來存。

PHOTO／AnewChen

那是第一次，我終於覺得好像看見陽光，覺得自己好像終於有錢了。

很好笑齁，三萬元對很多人來說，可能是筆不值一提的小錢，但卻是我的救命錢，能讓我覺得整個生命都亮了起來。

如今，我的收入相對穩定了，生活比從前好過了，有時候，我會跟太太開玩笑，說她當年是投資到績優股。這當然是玩笑話，她哪知道我是績優股？她只是傻傻的，全心全意地陪在我身邊而已。

直到現在，我還是把全部的薪水都交給她，每個月只拿她給我的零用錢。她說：「以前你沒錢的時候，錢就是我來管，現在怎麼可能讓你拿回去？」

聽起來好像很有道理齁？就連兩個小孩現在長大賺錢了，都知道要把錢交給媽媽。

我很感謝我太太，如果我現在稱得上有什麼成就，都是因為有她在。

因為有她始終在我身旁，穩穩牽著我的手，扛著我們這個家，才有現在的我。

點滴在心頭

我和太太同姓，在習俗上有忌諱，最初，我岳母並不是很認同我。但我和太太就是愛到了，婚也結了，小孩也生了，岳母因為疼女兒，漸漸地才開始接納我。

我家和岳母家住得很近，最艱難的那段日子，我太太有時候會帶小孩回娘家，讓岳母幫忙照顧孩子。而我收工之後，就會去接妻小回家。

很感恩的是，我岳母煮飯給全家人吃，一定會多留雙筷子給我。這頓晚飯，不只填飽了我的肚子，也溫暖了我的心。

我知道，不是每個人都像我岳母這麼慈悲，不計較家裡多張嘴吃飯。我岳母對我的疼惜，我都看在眼底，也好好地放在心肝底。

人是互相的，後來我日子比較有餘裕了，假日帶小孩出門露營，我也會帶岳母一起去。還帶她搭過飛機，去澎湖玩。只要岳母家有任何事需要我，我一定立刻飛奔過去處理。就算只是熱水器需要換個電池，我也在所不辭。而我和大小舅子的感情也不錯，很像親兄弟。

這都是因為岳母的心善與慈悲，身為獨子的我，才能夠在太太家裡找到家庭的感覺，感受到正常家庭的溫暖。

遺憾的是，岳母後來癌症中風、失智，身體漸漸不好，人也認不清了。最後那段時間，她只記得我的名字，看到每個人都喊「阿鴻」。

我雖然很感動，很欣慰她有把我的付出放在心底，但心裡也很難受、很捨不得。

如今，我岳母走了，大小舅子家裡無論要處理什麼，也都會打電話問我。

有時候，我看別的家庭吵吵鬧鬧，心裡都會想，人就是「有了」才會計較、才會不知足。像我這種一無所有的，只會眼巴巴看著，覺得這樣就很不錯了，怎麼還有心思去計較、去吵架？

我和太太偶爾聊天，聊起當初那些很難熬的日子，都會開玩笑說，幸好房子買在三樓、有裝鐵窗、跳不死，那時候才沒去跳樓。

坦白講，那時候光要活下去已經夠忙了，哪有空想死？更何況，我身邊還有這些曾經拉了我一把、撐著我的貴人，才能讓我順順利利、平平安安地走到現在，實在夠好運。

人生嘛，總有坎坷的時候，沒關係，我們深呼吸，靜下心來，看看身邊的每個人，珍惜自己擁有的，一定能找到走下去的勇氣與動力。

做工是一件很帥的事。

帥的是骨子裡的態度；
帥的是技藝中的細膩；
帥的是我們的謙卑。

臉龐流下的汗，讓我們微笑地撐著～
身體承受的累，是我們習慣的日常。

做工，正在轉變中！

PHOTO／AnewChen

國家圖書館出版品預行編目資料

我扛得起水泥，扛得住人生：泥作阿鴻，工地裡的水泥哲學家／泥作阿鴻作 . -- 初版 . -- 臺北市：三采文化股份有限公司，2023.03
面；　公分 . --（Mind map 255）
ISBN 978-626-358-027-5（平裝）

1.CST: 人生哲學 2.CST: 職場成功法

191.9　　112000873

suncolor 三采文化集團

Mind Map 255

我扛得起水泥，扛得住人生

泥作阿鴻，工地裡的水泥哲學家

作者｜泥作阿鴻（鄭志鴻）
編輯四部 總編輯｜王曉雯　主編｜黃迺淳　文字編輯｜亞樹
美術主編｜藍秀婷　封面設計｜李涵硯　版型設計｜李蕙雲　內頁排版｜周惠敏　校對｜周貝桂
行銷協理｜張育珊　行銷企劃主任｜呂秝萱　書封、部分內頁拍攝｜AnewChen

發行人｜張輝明　總編輯長｜曾雅青　發行所｜三采文化股份有限公司
地址｜台北市內湖區瑞光路 513 巷 33 號 8 樓
傳訊｜TEL:8797-1234　FAX:8797-1688　網址｜www.suncolor.com.tw
郵政劃撥｜帳號：14319060　戶名：三采文化股份有限公司
初版發行｜2023 年 3 月 31 日　定價｜NT$400
2 刷｜2023 年 4 月 15 日